生命的尋路人

古老智慧對現代生命困境的回應

THE WAYFINDERS: WHY ANCIENT WISDOM MATTERS IN THE MODERN WORLD

[附彩頁經典重出]

韋德・戴維斯 ___ 著
高偉豪 ___ 譯

Wade Davis

THE WAYFINDERS

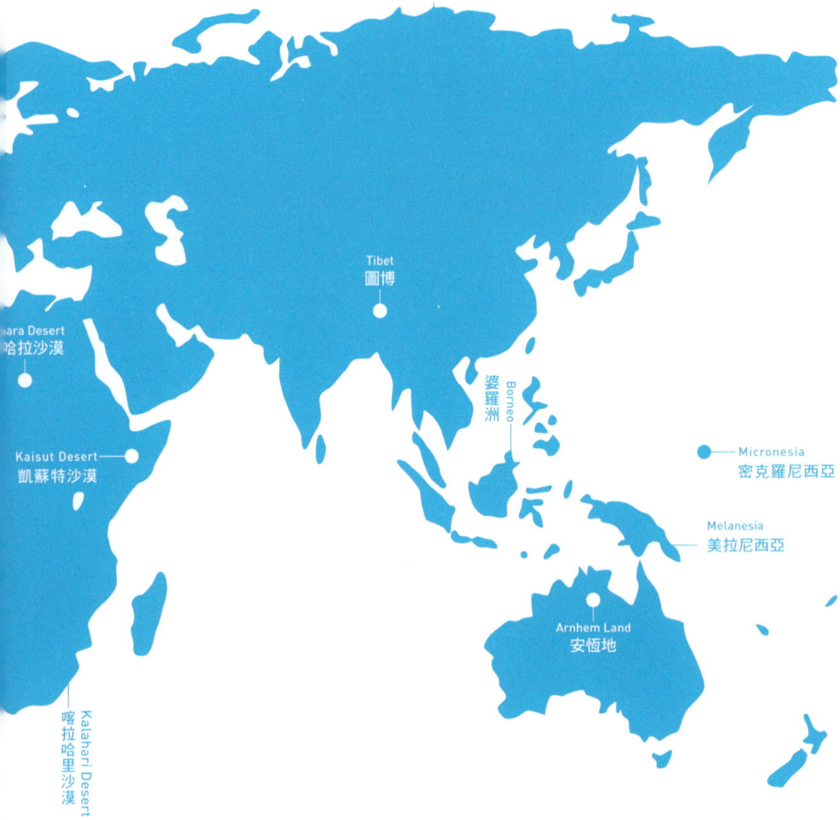

Qaanaaq
卡納克
Nunavut
努納伏
Igloolik
伊格魯利克
Greenland
格陵蘭
Todagin Mountain
駝大金山
Sierra Nevada de Santa Marta
聖瑪爾塔內華達山脈
Amazon River
亞馬遜河流域
Salcantay
薩爾康提山
Andean Cordillera
安地斯山脈
Polynesia
玻里尼西亞

玻里尼西亞的雙身獨木舟可搭載十名船員，船上完全沒有現代化航海設備，沒有六分儀、測深儀、全球定位系統、轉頻器，有的只是導航員的感官、船員的知識，以及整體族人再創的驕傲、權威與力量。

——第二章，〈尋路人〉

右：導航員可以隨時察覺並區分流經船身的浪潮。萬一獨木舟在半夜改變航道，導航員只要從浪潮的上下顛簸和搖晃便能知道。更驚人的是，光是聆聽海浪拍打獨木舟的回聲，導航員就能知道海平面的彼方有座環礁島。

——第二章，〈尋路人〉

下：在亞馬遜巴拉薩那人的思維裡，沒有始與終，也沒有線性時間、天命和宿命的觀念。他們的世界層層套疊，沒有一件事是獨立存在，所有想法都同時有感知和意義兩種層次。擬椋鳥羽毛作成的冠冕就是太陽，每根黃色羽毛都是一道射線。

——第三章，〈巨蟒之族〉

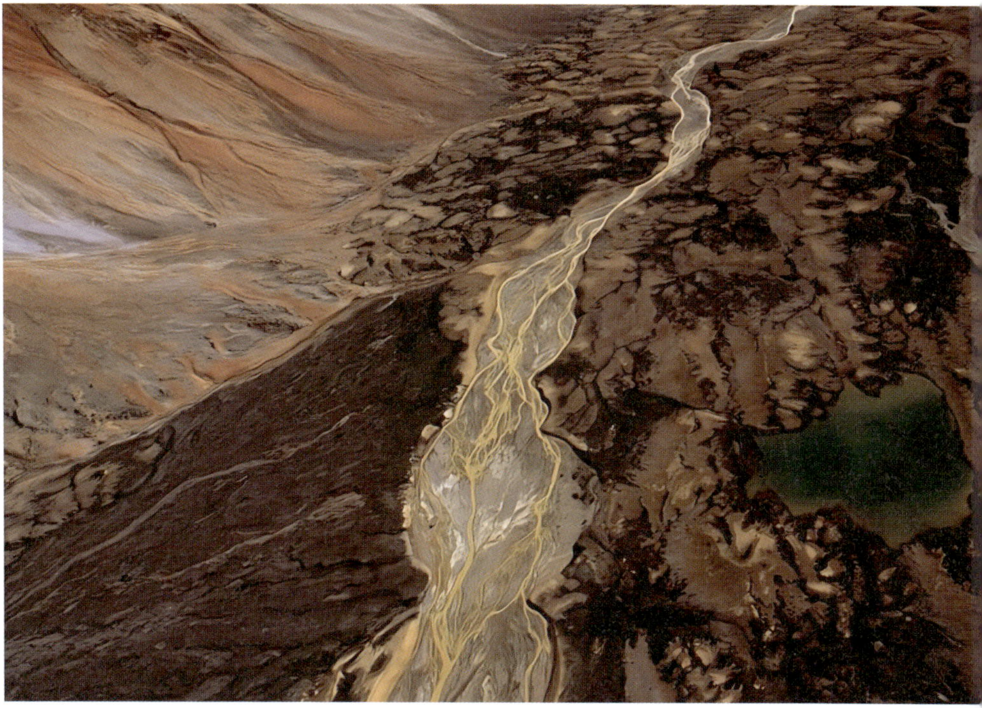

右：對亞馬遜的原住民來說，整個自然世界充滿著意義和宇宙觀要旨。看得見的世界只是知覺的一種層次，每種有形的形式背後，有薩滿能見而常人無法得見的陰暗時空。薩滿對族人生活行為的規範一方面受到這樣的宇宙論所啟發，另一方面也有效地減緩人類對環境的衝擊，帶來一套人類和自然合而為一的生活哲學。

——第三章，〈巨蟒之族〉

上：加拿大西北部的美麗山谷，孕育出三條大河，原住民稱之為「神聖水源地」。但政府不顧所有原住民的希望，逕自開放高汙染的礦業公司進駐開發。

——第四章，〈神聖地理學〉

右：在安地斯山，古柯葉並非毒品，而是神聖的食物。男女在小徑上相遇時，會停下來交換古柯葉，然後將葉子拿近嘴邊輕吹。這是一種社交行為，用以確認人際連結，而吹氣的動作卻是靈性互惠之舉，代表將植物精華送回大地。

——第四章，〈神聖地理學〉

上 & 書衣照片：星雪祭在海拔四千七百五十公尺的高山盆地舉行，是集色彩、祈禱、舞蹈和歌曲於一身的壯麗場面。狹長的朝聖隊伍順著步道緩慢向上爬行九公里，到高處祈拜、向神致敬，然後取回山的精華：冰。如此信仰的循環，是人類、群山和眾神間生氣勃發的關係。

——第四章，〈神聖地理學〉

右：澳洲原住民沒想過要去改善自然世界，或去馴服野生世界。他們接受生命最初的樣貌，接受整個宇宙世界。每種動物或物件都在古老事件的脈動中震顫，在夢中重生。走在這塊土地上，就是加入一場不斷確認的行動、跟著跳一場無止境的創造之舞。

——第四章，〈神聖地理學〉

上：抵達紮營處時放火燒草，這既能清理也能活化土地。對澳洲原住民來說，人不僅是土地的依附者，也維繫著土地的存續。沒有土地，他們會死；但沒有人，持續進行中的創造過程會戛然而止，土地也隨之枯竭。

——第四章，〈神聖地理學〉

右：婆羅洲的本南族說得非常簡單直白：「我們從森林中獲得生命。」他們的語言中沒有「謝謝」一詞，因為分享是義務。對他們來說，森林的每道聲音都是靈魂之語的要素。樹一聽到裸喉噓鶥的美妙歌鳴就會開花，捕蛛鳥則提醒本南族人去宰殺獵物。

——第五章，〈風的世紀〉

上：不幸的是，森林之聲卻已轉為機械之聲，本南族的世界在短短一個世代內便天翻地覆。在森林中長大的女人只能在伐木營地幫傭或賣淫。這些營地的碎石和泥沙混濁了河流，漁獵不復以往。從未得過文明疾病的孩童一住進政府屯墾營地，便倒在麻疹和流感之下。

——第五章，〈風的世紀〉

右：在「現代文明」的衝擊下，許多政府意圖把意識形態強加在風俗習慣迥異的民族上。在吳哥窟的寺廟，作者遇見一位年老的比丘尼，她的雙腳和雙手都被砍下。在紅色高棉統治時代，她的信仰就是她的罪。

——第五章，〈風的世紀〉

上：「什麼是科學，不就是對真相的實證追索嗎？佛教不就是兩千五百年來對心神本質的直接觀察嗎？一位喇嘛曾經告訴我，西方科學的所有重大貢獻，都侷限在人生的次要需求上。我們窮盡一生去追求活到一百歲，為失去一根頭髮、一顆牙齒而擔心受怕。佛教徒則花上一生的時間去試著理解存在的本質。」

——第五章，〈風的世紀〉

右：作者拜訪四十五年來從未離開小房間、持續閉關修行的比丘尼，本以為會看見瘋狂的女人，迎接他的卻是一雙無比開心的眼眸，伴著光芒與微笑閃閃發亮。四十五年來她每一口呼吸都更接近她的目標。那不是一個地方，而是心靈狀態；不是目的地，而是一條救贖和解脫的路徑。

——第五章，〈風的世紀〉

上：「我們多數人會感到不可思議，有人或許會認為這是浪費生命，但大多數藏傳佛教徒也同樣感到難以理解，居然會有人願意徒步攀登空氣稀薄到會讓人失去意識的高山，執著地要進入這個死亡地帶，冒著失去個人覺悟與脫離輪迴的機會的風險，僅僅為了爬山。對他們來說這是痴人愚行，是真正的浪費了一次珍貴的輪迴。」

——第五章，〈風的世紀〉

經歷政府和傳教士以現代文明壓迫己身傳統的苦難後，因紐特人發現保有雪橇狗才是他們的文化支柱。狗兒能夠讓這些家庭脫離貨幣經濟的桎梏，也讓每趟旅程可以無遠弗屆。獵人的技術因狗而精進，因為他必須源源不絕提供肉食，而狗也讓人在夜裡安全無憂。「如果你是狗的主人，你就是生命的主人。」

——第五章，〈風的世紀〉

獻給
大衛・梅伯利－路易斯

For David Maybury-Lewis
1929–2007

目次

Brown Hyena

棕鬣狗的季節

Season of the

「我希望各地的文化之風都盡情地吹到我的家園，但我不願被連根吹走。」

——聖雄甘地（Mahatma Gandhi）

I want all the cultures of all lands to be blown about my house as freely as possible. But I refuse to be blown off my feet by any. — Mahatma Gandhi

旅行之中，我最大的樂趣，莫過於和保有傳統的人們一起生活。這些人在微風中感受到歷史，在雨水刷亮的石頭上觸摸到過去，在植物葉子的苦味中品嘗著古老。亞馬遜流域的美洲豹薩滿還在銀河外漫遊，北美因紐特族耆老的神話仍能以其意涵引發共鳴，圖博的佛教徒也還奉行呼吸法門。知道這些故事，我們便能記住人類學的核心啟示：我們所處的世界，並非存在於某種絕對的意義中，而是現實的一種模式，是我們的特定文化譜系在許多世代之前做了一連串智性與心靈抉擇的結果，成功與否則另當別論。

無論我們的旅伴是在婆羅洲森林中游牧的本南族、海地的巫毒①侍僧、秘魯安地斯高山上的巫醫、撒哈拉紅沙中的塔馬奇克駱駝商隊，抑或是珠穆朗瑪峰山坡上的氂牛牧民，這些民族都在教導我們，世上還有別的選項、別的可能，也還有另一種思考、與地球互動的方式。這樣的想法，讓我們充滿希望。

無數文化交織成生命的智慧與精神之網，覆蓋了整個地球。對這個星球上的芸芸眾生而言，這些文化跟生物的生命之網，也和我們熟知的「生物圈」同等重要。你可以把這個社會的生活網看成一個「族群文化圈」（ethnosphere），這個詞或許最能概括人類自有意識以來，透過想像而形成的思想和直覺、神話與信仰，還有想法及靈感。族群文化圈是人類最偉大的遺產，是我們夢想的產物、希望的化身，代表我們全體的存在，以及人類此一求知若渴、適應力驚人的物種所創造的一切。

「生物圈」（生物的生命母體）因棲地破壞及動植物物種滅絕而受到嚴重侵蝕，同樣地，族群文化圈也面臨威脅，只是速度更快。舉例來說，沒有生物學會提出有五十％的物種已瀕臨滅

1．編注：「巫毒」一詞充滿過時的誤解及偏見。Vodoun 一名源於西非傳統宗教，意思是神靈、靈魂及超自然力量。

絕，對生物多樣性而言這已是最具世界末日色彩的情景，但文化多樣性領域中我們所知最樂觀的景象，其末日程度卻遠過於此。

語言失傳便是關鍵指標。語言就像是「煤礦坑裡的金絲雀」②。一種語言絕對不僅是一組文法或詞彙。語言是人類的靈光一現，特定文化的靈魂與物質世界接觸的媒介。每種語言都是心靈的古老森林、思想的分水嶺、精神潛能的生態系。

在當今七千種還在使用的語言中，有整整一半的語言並未傳給下一代。事實上，除非改變某些事物，否則這些語言在我們有生之年就會消失。世界上有半數的語言正瀕臨滅絕。想想看，你將被沉默包圍，成為族人裡最後一位講母語的人，再也無法傳承祖先的智慧，無能預見後代的前景，還有比這更孤寂的事嗎？這種悲慘的命運在地球上大約每兩個星期就發生一次，成為某些地方某些人的真實困境。平均每十四天就有一位老人死去，某種古老語言的最後幾個音節也跟著他／她進入墳裡。這件事意味著，在一兩個世代之內，我們將會目睹整整半數的人類社會、文化和智慧遺產消失殆盡。這是我們這個時代看不見的真相。

有些天真的人會問：「如果我們都講同一種語言，世界不是會更美好？促進溝通不是讓我們更容易相處？」我的答案總是：「這想法很好，但讓我們把那個共通語言換成北美海達語或西非優魯巴語、北美拉柯塔語、北美因紐特語或非洲桑族語。」人們馬上就能理解不能講自己的母語所代表的意義。我沒辦法想像一個不能說英語的世界，原因不在於英語是多美的語言，而是因為英語是我的語言、英語完整展現了我這個人。但同時，我也不希望英語像某種文化神經毒氣那樣消滅其他的人類之聲，清除世上其他的語言。

語言在歷史上也是來來去去。巴格達的街上已經聽不見巴比倫語，義大利的山丘上也沒人講拉丁文。讓我們再次將語言比擬為生物。滅絕是自然現象，不過大體而言，在過去的六億年間，物種形成以及新型態生命演化的速度比絕種來得快，世界因而越來越多元。拉丁語在羅馬逐漸消逝，卻在拉丁語系的語言中找到新的表達③。如今，正如生物學家認為動植物正以前所未見的速度迅速滅絕，語言也正以類似的速度死亡，不再有後人傳承。

2．譯注：由於金絲雀對瓦斯非常敏感，些微瓦斯就會讓金絲雀焦躁、啼叫甚至死亡，因此礦工會將金絲雀放在礦坑中作為是否要逃跑的判斷工具。「煤礦坑裡的金絲雀」便有早期預警的意思。

3．譯注：Latin，拉丁語是古羅馬帝國使用的語言，雖然後來已消亡，卻深刻影響後來西方世界的語言與文明，其中便包括當代法文、西班牙文、義大利文所屬的拉丁語系（Romance languages）。

生物學家認為可能有二十%的哺乳類、十一%的鳥類和五%的魚類正受到滅絕的威脅，植物學家也預計植物多樣性將會減少十%，而同時，語言學家和人類學家則目睹半數現存於世界上的語言即將消失。有六百多種語言的使用者在百人以下，約三千五百種語言只有全球〇・二%的人口使用。對比之下，最普遍的十種語言則蓬勃發展，有半數的人類以之為母語。八十三種語言的使用者加起來便占去世上整整八成的人口。但是其他聲音所構成的詩、歌曲和知識呢？正是這些文化守衛、看護著世上九十八・八%的語言多樣性。難道長者的智慧只因為他或她溝通的對象只有一位，就比較不重要嗎？難道民族的價值只在於相關人數嗎？正好相反。每一種文化都是家族樹狀圖的重要分支，都是知識與經驗的寶庫。在未來，這些文化也可以是我們找尋靈感與前景的來源。麻省理工學院的語言學家海爾（Ken Hale）在過世前不久說：「失去一種語言，就等於失去一種文化、一項智慧遺產、一件藝術品。那就像丟一顆炸彈到羅浮宮。」

我們究竟面臨什麼樣的威脅，又能為此做些什麼？近年來有些書籍歌頌席捲全球的科技與現代性，提倡世界是平的，人類無需透過移民來進行改革。他們認為世界正在融合成單一實體，由特定的經濟學模型主宰，到處都將能夠看到未來，而且是立刻看到。每當讀到這些書，我只能說我走過的世界一定跟這些作者不一樣。我有幸見到的世界，幾乎可以保證**不是**平的，這也是我希望透過這系列演講來呈現的。這個世界高高低低，遍布山巔與低谷，充滿引人好奇的異象或妙不可言的事物。歷史並未停下腳步，在今日，文化變動與轉化的過程也一如以往充滿活力。只用自己那套單一文化典範來理解各種經驗的人，看到的世界只有單一色調。但對於那些用雙眼去看、用心去感受的人而言，這世界依舊保有豐富而複雜的心靈地貌。

・・・

要頌揚文化和多樣性，結果卻從遺傳學開始談起，聽起來似乎很怪，但這的確是一切的起源。我在「國家地理學會」的朋友暨同事威爾斯（Spencer Wells）主持學會的「基因地理計畫」（Genographic Project）[4]已近十年，這項雄心勃勃的全球計畫試圖要從時間和空間追索人類原始的發展歷程。而威爾斯和其他人口遺傳學家的研究結果揭露了當代科學的重大發現。正如同威爾斯所言，我們是十億年來演化轉變的成果。以四個簡單字母編碼的人類ＤＮＡ就像是份歷史文件，可以回溯生命源頭。這則史上最浩瀚的故事訴說著探索與發現，不止留存在神話裡，也流在我們的血液中，而我們每個人都是其中的一段章節。

4・譯注：「基因地理計畫」始於二〇〇五年，由美國國家地理學會與ＩＢＭ聯合發起，在世界各地採集不同人種的十萬份樣本，然後將基因分析用於解釋人類在地球上的遷移史，繪製出「基因地圖」。

我們身體的每個細胞都由一種神奇的東西所驅動，即雙螺旋體。由四種分子（四個簡單的字母Ａ、Ｃ、Ｇ和Ｔ）構成的雙螺旋體以複雜的序列相連，編寫出人類存在的脈動。人體的深處包裹、盤繞、編織著六十億位元的資料。倘若將一個人體內的ＤＮＡ攤開來排成一直線，這條線不止能排到月球，還能從地球繞月球三千圈。當然，在實際生命中，這條鏈子、這個神祕的遺傳，是分裂開來，包在四十六個染色體裡，世代相傳。在每組新配對、每個新生兒中，這些染色體都會洗牌重組，因此每個人生下來都會從父母基因中得到一組獨特組合。

但仍有關鍵線索。在每個細胞的細胞核中，決定男性性別的Ｙ染色體大約含有五千萬個核苷酸，並且在世代傳承中，大致完整地由父親傳給兒子。而每個細胞的粒線體，也就是製造能量的胞器中，ＤＮＡ也是如此幾近完整地代代相傳，然而是由母親傳給女兒。正因如此，這兩條ＤＮＡ就像是時光機，為我們開啟一扇通往過去的窗。

人類ＤＮＡ三十億核苷酸中有九十九．九％是人人相同，但剩下的〇．一％就是謎底。因為原始編碼的差異，本身就藏著追索人類祖先發源的重大線索。在基因資料轉錄與複製的過程中，數十億位元的資料難免出現差錯，例如在字母Ａ應該出現的地方跑出Ｇ來，這就是突變，而且無時無刻都在發生。基因不會猛然劇變，很少因為單一突變就出現表現型變異[5]。基因編碼裡單一字母的置換並不會改變一個人的膚色或身高，更遑論其智力或命運。不過，這樣的基因變化的確就牢牢編碼在此個體後代的基因裡。這些經由遺傳得來的單一突變便是基因標記，也是威爾斯筆下的「接縫與點焊」，讓人口遺傳學家在過去二十年間得以重構人類起源與遷徙的故事，其精準程度在一個世代以前無法想像。透過研究個體間的DNA相異處而非相同處、長期追蹤DNA標記的表現，或同時觀察數以千計的標記，便可確定族系血統。兩株相互交纏的演化之樹，一株來自父與子，另一株則源於母和女，構築出一整場人類時空旅程的輪廓。

大約在六萬年前，所有人類都居住在非洲，這已是無人異議的科學共識。之後，氣候與生態條件可能生變，使得非洲草原沙漠化。一小群男女幼小，可能少至一百五十人，走出了古老大陸，成為史上的第一批移民。驅動人類幾波大遷徙浪潮的動能為何，我們並不全然清楚，不過可以想像，對食物與其他資源的迫切需求是主要原因。當人口增長超過土地的負載力，就會有人離開出走。DNA紀錄透露這一小群人離開時，只帶走非洲人口基因多樣性中的一小部分。我再重申一次，這些差異並不會反映出表現型，它們只是標記，在一幅遼闊的文化地圖上標出

5・譯注：表現型（Phenotype）是一生物學名詞，意指一生物的外觀形貌或成分，例如高度、色澤與血型等特性。在過去無法直接觀察DNA的年代，表型就成為判別一生物基因型的重要元素。

記號，透露我們的祖先在何時何地踏上了康莊大道。

第一波移民沿著亞洲海岸線展開，距今五萬年前便已跨越亞洲的下緣抵達澳洲。第二波移民則是經由中東移往北部，再轉向東，約四萬年前再次分途，往南遷徙至印度，向西向南經東南亞至中國南部，往北進入中亞。接著從這裡開始，兩起遷徙將人群帶離世上最大一片陸地的心臟地帶上的險惡群山，向西前往歐洲（三萬年前），向東至西伯利亞（兩萬年前）。最後，約一萬兩千多年前，又有新一波移民離開中東進入東南歐，也有人從中國往北遷，一小撮獵人跨過白令海峽陸橋，建立人類首次在美洲出現的紀錄，而他們的子孫則在兩千年內抵達火地群島⑥。我們人類從非洲不起眼的發源地出發，經過一場維時四萬年、延續兩千五百個世代的旅程之後，已經在世界上所有適合人居的地方落腳。

．．．

在我們繼續深入探討之前，有必要解釋何以基因研究如此重要，因為這確實為下文即將觸及的主題與議題提供了基礎。在我一生所見的科學發現中，或許只有阿波羅計畫傳回來的地球影像能與之相比，除此之外，沒有任何一項發現能如此解放人類靈魂，使我們脫離自有記憶起便折磨著我們的淺薄偏見。

身為社會人類學家，我所受的訓練使我相信歷史與文化是影響人類事務的首要關鍵。人類學始於試圖解讀相異的他者，希望能藉由接納各種獨特新奇的文化特色與可能性，使我們更能欣賞並理解人性及人類本身。不過，從一開始，這個原則便不斷被每個時代的意識形態所挾持。十九世紀的自然科學家面對達爾文演化論的衝擊，卻依然努力分門別類各式物種，同時期的人類學家卻成了王權的僕人，被派去遙遠的屬地充當帝國代理人，任務是了解陌生部落的民族和文化，並從中找出管理和控制他們的適當方法。

從研究鳥喙、甲蟲及藤壺的過程中提煉出來的演化論，悄悄地滲入社會理論，某種程度上正切合那個時代的需要。人類學家斯賓賽（Herbert Spencer）正是提出「適者生存」一詞的學者。當時美國正利用黑奴的勞力建國，而英國則階級分明到富家子弟的平均身高竟高出窮苦小孩十五公分之多。這套理論既為種族和階級差異提供了科學解釋，自然廣受歡迎。

演化論認為時間會帶來改變，加上維多利亞時代迷信進步，兩者結合，影射了人類事務也有

6・譯注：火地群島（Tierra del Fuego），南美洲最南端的島嶼群。

其進程，也有一道通向成功的階梯，領著人們從原始進入文明，從非洲部族村落走到倫敦與炫目的繁華大街上。世上眾文化因此成了一座活生生的博物館，展示的每個社會都代表鑲嵌在時間軸上的演化片刻，任何階段都在想像中向上通往文明。這樣的想法來自維多利亞時代篤信的正直，也就是進步的社會有義務去協助落後者、去開化野蠻民族。這種道德責任同樣非常符合帝國需求。

「我們剛好是世上最優秀的民族。」羅德士⑦說過這句名言，「我們在世界上越多地方定居，對人類就越好。」第十一任印度總督寇松（George Nathaniel Curzon）也同意這一點，他寫道：「在世界歷史上，沒有任何事物比大英帝國更偉大、更有益於全人類，我們必須全心全力去維持其存在。」當被問及為何印度的殖民政府連一個印度本地人也沒雇用時，這位總督回答：「因為在這個次大陸的三億人口中，沒人能勝任這份工作。」

人類學家建構了種族至上論及維多利亞時代英國的優越感之後，便著手證明他們的觀點。以錯誤的科學測量來研究人類，始於所謂的顱相學家。他們用圓規和直尺去測量並記錄頭蓋骨形狀的細微差異，因為他們假定這種差異會反映人類智能的先天差異。不久後，體質人類學家對全世界各種族的人進行測量與拍照。這些方法全有個極為錯誤的觀念，就是認為光憑比較人類的身體部位、臀部形狀、頭髮的質地，以及皮膚顏色（當然了），就能將各人種完整地分門別類。生物學分類之父林奈在十八世紀晚期就已認定所有人類都同屬於*Homo sapiens*（人屬智人種，智人），意思是「智慧之人」。但他為了避免出錯，多分了五個亞種，分別為非洲人（*afer*）、美國原住民（*americanus*）、亞洲人（*asiaticus*）、歐洲人（*europaeus*），還有最後一個統括的類別，叫異類（*monstrous*），所有在歐洲人眼中看來非常怪異而無法分類的人都歸入此類。

林奈之後一個多世紀，體質人類學家選擇性地誤讀達爾文學說，並從中得到啟發，毫無懷疑地接受了種族的概念，而學者與探險家也把確認這類偏見視為自己的日常工作與責任。許多人紛紛著手記錄種族冒險，其中之一是英國軍官兼探險家韋芬（Thomas Whiffen）。當比利時人正在非洲大肆屠殺數百萬剛果人時，他順著哥倫比亞亞馬遜流域的普圖馬約河而下，將這片森林描述為「天性狠毒、可怕、邪惡的敵人，空氣中充斥著傾倒草木慢慢蒸發腐敗所發出的刺鼻、窒息、滯鬱、陳腐氣息。所謂愛好和平的溫馴印第安人，只是人們自作多情的想像。事實上他們天性殘忍。」他補充道：「跟他們住了一年，讓人對他們的獸性作嘔。」在那個數千名波拉

7．譯注：羅德士（Cecil Rhodes），十九世紀英國商人、南非礦業大亨，致力推動英國殖民非洲。

族（Bora）與胡伊多多族（Huitoto）遭到奴役與屠殺的年代，韋芬給旅行者的建議是探險隊人數不要超過二十五人。他寫道：「依循這個原則，你將會發現所帶的行囊越少，能夠攜帶的來福槍就越多，探險隊才越安全。」

他在一九一五年出版熱門書《西北亞馬遜》，聲稱他遇上了食人族慶典。「俘虜被吃得筋骨不剩，一場瘋狂的野蠻節慶……那些人瞪大了眼、鼻孔翕張……全場瀰漫著譫妄。」同時代研究相關領域的學者或許沒這麼誇張，但同樣支持「陽具學派的體質人類學」——陶席格[8]的委婉說法。法國人類學家霍布雄（Eugenio Robuchon）也曾沿著號稱死亡之河的普圖馬約河而下，他寫道：「總的來說，胡伊多多族較為瘦弱膽小。」他書裡的另一章如此開頭：「胡伊多多族有灰銅色的皮膚，依照巴黎人類學會的膚色圖表[9]，相當於編號二十九和三十中間的色調。」韋芬書中的一則注腳寫道：「霍布雄指出胡伊多多女人的乳房呈梨形，照片清楚顯示梨形胸部及指狀乳頭。我發現其實更像球體的一部分，乳暈並不明顯，乳頭呈半球狀。」

並非所有人都樂於測量胸部與頭顱。對未來世界懷抱憧憬的人扭曲達爾文理論，試圖建立更好的新社會。優生學的意思是「生得好」，這股風潮在二十世紀前後開始興盛，鼓勵大家選擇養育健康、結實的嬰兒，目的在於改良人類的基因庫。到了一九二〇年代，這種觀念開始轉化，變成強迫節育並淘汰異常者。如果有人能夠以選擇性養育的方式來改良基因庫，當然也就可以透過屠殺不良分子來達成相同目標。這就是當時扭曲的科學原則，使德國人有合理的藉口去屠殺、有系統地滅絕數百萬無辜人類。

有鑑於這段不堪的歷史、顱相學荒唐可笑的企圖、優生學造成的大屠殺，以及科學界長久以來即使是在鼓吹一些不可靠的論點時依舊不減的自信與狂妄，難怪很多人（尤其非西方社會的人）對任何解釋人類起源與遷徙的理論保持深切懷疑。這些研究主要是採集偏遠孤立民族的血液進行分析，徒然加深原有的憤怒與擔憂。原住民尤其深感受辱，因為他們的家園在故事與神話裡一向神聖不可侵犯，但卻有人聲稱他們的祖先並非從創世之初就住在這片家園。更有人指控，我們在基因遺傳上的科學新發現會導致更劇烈的種族衝突，迫使某些部落的人離開他們記憶中世代居住的土地。

我確信這些恐懼都是杞人憂天。歷史告訴我們，強勢的團體若要摧毀弱小者，毋需任何理

8．譯注：陶席格（Michael Taussig），一九四〇年出生，哥倫比亞大學人類學博士，致力於鑽研馬克思商品拜物教的思想。
9．譯注：這是一張將人類膚色由白至黑等色度所區分出之色度表。

由。我也不相信從這些新研究衍生出來的任何理論會破壞平衡，從而直接或間接地剝奪某一民族的生存權。納粹確實是訴諸基因和種族相關的偽科學來合理化種族大屠殺，但正如同平克（Steven Pinker）所提醒，鼓動馬列主義者的，是人性具有後天可塑性的偽科學幻想，結果卻是種族屠殺，其卑劣及毀滅性和納粹不相上下。平克寫道：「對人類最大的威脅，不是對人類天性及後天養育的好奇，而是將意識形態單一化，否認人權的存在。」

知識不會對文化造成威脅。更進一步說，上述研究成果只會產生某種類型的知識，也只能以特定的世界觀來解釋。海達族印第安人以神話記載自己的起源，例如如何在海達瓜伊（Haida Guawii）落地生根，而西方科學很明顯地否定照字面理解這樣的詮釋。然而這樣的否認絲毫壓抑不了海達印第安人的靈魂，也說服不了我的朋友，即海達的民族議會議長古裘（Guujaaw），無法讓他相信他的族人沒有在人類從蚌殼裡出生、烏鴉從天空溜出來偷走太陽之後，就住在這片列島。科學推斷認為海達印第安人可能「來自他方」，這也是正統人類學長久以來的立論基礎，但這所謂的科學「真相」絲毫動搖不了海達族今日的權力。他們之所以能夠用國對國的姿態跟加拿大政府交涉，與基於祖先神話而主張的土地權利關係不大，而與他們擁有的政治權力密切相關，在於雙方一開始接觸時他們就已住在當地的先驗證據，以及像古裘這般的領袖是否有能力在全世界為他的人民爭取支持。

科學只是獲取資訊的方式之一，而科學的目的也並非得出絕對的真理，而是激發我們，讓我們以更好的方式去思考各種現象。到了晚近的一九六五年，美國人類學家庫恩（Carleton Coon）寫了兩本書，分別是《種族的起源》（*The Origin of Races*）以及《現存的人類種族》（*The Living Races of Man*）。在書中，他繼續發展人類有五支不同亞種的理論。顯然從林奈的時代以來，這個領域的進展不大。庫恩認為歐洲人能夠主宰政治與科技，是基因演化出來的優勢所形成的自然結果。他甚至斷言：「種族混合會擾亂群體內基因與社會的平衡。」庫恩當時是美國體質人類學協會的主席、賓州大學正教授，並在校內的考古暨人類學博物館擔任民族學負責人。

當時正值「吉姆・克勞法」（Jim Crow）[10]與種族隔離政策的最後幾年，這樣的說法既有利於當局，也依舊被學術界正色看待，即使那已是近代的一九六五年，因此當我們面對人口基因領域的新近研究成果時，難免感到躊躇。然而，當科學界主張終結種族之見，而且斬釘截鐵地揭露種族之分是出於虛構時，我們仍須認真傾聽，希望科學家至少這次是對的。

10・譯注：吉姆・克勞法係十九、二十世紀左右在美國南方州實行的種族隔離政策。

而他們這次對了。他們篤定地指出人類的基因天賦是個單一連續體，從愛爾蘭到日本、從亞馬遜到西伯利亞，各種人之間並沒有明顯的基因差異。有所不同的，是地理條件。人類總體基因多樣性有八十五％都位在世界上最偏遠的社會中。假使其他人種因大規模的傳染病或戰爭而消滅殆盡，那些瓦拉尼人（Waorani）或巴拉薩那人（Barasana）、朗迪耶族人（Rendille）或圖阿雷格人（Tuareg）的血液就擁有全部人類的基因天賦。一種文化就像一座神聖的精神與心靈儲藏庫，而這七千種文化中的任何一種可能都蘊含著讓人類多樣性再生的種子。

這項發現意義重大，生物學家與人口基因學家終於證實哲學家長久以來的夢想：事實上我們都是兄弟姊妹，大家全是從同一塊基因布料上裁剪下來。

由此可見，所有文化本質上都具有同樣敏銳的心智及先天稟賦。西方人將智能及潛能運用在創造驚人的科技革新上，澳洲原住民則用來做他們最重視的事，也就是在神話固有的複雜記憶思路裡穿梭——無論是何者，其實都只是一種抉擇、方向、應變的智慧，以及文化偏好。

在文化歷史上，進步並沒有等級之別，沒有社會達爾文主義那種成功之梯。維多利亞時代認為歐洲工業社會自傲地坐在進步金字塔的塔頂，而所謂的原始世界則位在金字塔最寬的底層，這種野蠻與文明的觀念如今早已被徹底揚棄。其實科學也輕視這類種族與殖民主義式的傲慢。卓越的科學研究及當代基因學的發現在某種程度上讓人驚嘆，證實了人類之間共通的本質。我們共享同樣的神聖天賦，骨子裡也寫著共同的歷史。正如同本書所傳達的，世上有無數文化，這些文化不是在現代化之途上跌跤的失敗品，更不是無法成為我們的模仿品。每種文化都是人類想像力與心靈的獨特展現，都是一個基本問題的獨特答案：人生而在世究竟有什麼意義？世上的各種文化以七千種聲音回應了這個問題，共同彙整成一套人類的劇目，使我們在接下來的兩千五百個世代，甚至當我們踏上永無止境的旅程時，能共同面對人類此一物種在未來的各種挑戰。

・・・

但是數千年前出走非洲的那些人究竟是誰？長什麼模樣？如果我們透過遺傳基因標記來追蹤他們之後的旅程，可能會找到一支從未離開非洲的人種，他們的ＤＮＡ也不會有突變的跡象，因為突變是發生在一波波將我們的祖先散播到全世界的移民潮中。如威爾斯在研究中再次強調的，實際上人類學家已經找到這支人種，並著迷於他們的文化數十年。那就是桑族人，人口約五萬五千人，在今日喀拉哈里炙熱的沙漠上散居，從波札那、納米比亞到安哥拉南部，範圍廣達八萬四千平方公里。桑族的祖先長久以來都被認定是一支遍布整片次大陸的民族，尤其是東非，之後他們的土地接連被農人和牧民占去，只能成為叢林人、居無定所的獵人及採集者。族裡男男女女靠著精確而嚴謹的知識存活在地球上最嚴峻而荒蕪的沙漠地表。這堆驚人的生存資訊，這個智慧的收納盒，都封存在該族母語的文字與聲音裡。桑族的母語本身就是語言學上的非凡成就，與所有已知的語系都毫無關連。日常英文裡我們使用三十一個音，桑語則有一百四十一個音。眾多語言學家認為桑語的抑揚頓挫及舌尖摩擦上顎的窣雜聲反映了語言最初生成的樣態。實際上，基因資料顯示確實可能如此，因為桑族沒有關鍵的基因標記，代表該族是人類種族樹狀圖上的第一支。如果愛爾蘭人和拉柯塔人、夏威夷人與馬雅人是樹枝，桑族便是樹幹，極可能是世上最古老的文化。當其他人決定要出外時，桑族選擇留守家園。

二十世紀初期，由於酒精和教育的影響，以及追尋錯誤且扭曲的發展路線，讓許多桑族人失去生命。在此之前，桑族順著自然世界的節奏生活或許已有萬年之久。他們的選擇不多，因為讓他們得以生存下去的，是預測季節的一切細微變化、觀察動物的一舉一動及傾聽植物生長聲音的能力。水在過去一直是個挑戰。喀拉哈里沙漠一年有十個月沒有固定水源，只能在樹洞裡尋找、從有空心蘆葦的泥地下汲取，或者貯藏在鴕鳥蛋殼內，用草塞住，然後標上主人的記號。一年中大部分的時間，唯一的水源是樹草根的液體或從動物內臟裡擠出。

五月到十二月底的乾季期間，桑族不斷遷徙。雖然他們認為自己基本上是獵人，但還是要靠植物維生，每個成人一天吃掉五公斤的野生甜瓜。當野生甜瓜沒了，就只能挖土找塊莖，而且在這個人體每天排出三公升汗液的沙漠環境，要二十個以上的大型塊莖才能養活一個人，而每一個塊莖都要從沙裡挖出來。最惡劣的那幾個月名為棕鬣狗的季節，桑族會在地上挖坑，用尿液將土澆濕，然後躺在一層薄沙下不動，在蒼蠅折磨中等待一天最熱的時間過去。陽光在這裡並非生命之源，而是死亡之兆。然而，最貧瘠的時刻也是希望來臨之時，因為十月開始出現小雨。毛毛雨一落下，乾旱期便宣告結束。接下來的三個月，也就是從十月到十二月，大地一直苦候雨季的徵兆，但雨水從來不夠。那些有幸居住在永久水源周遭的人全縮在小小的營地中。多數人在黎明和黃昏時分外出尋找根莖食物。熱氣依舊，乾燥的風掃過棕色草原，亡靈化身為小型塵暴捲過灰黃地平線。

終於，雨水在一月落下。接下來三個月，人們開始歡慶大地重生、萬物欣欣向榮的季節。但在喀拉哈里，雨量並不穩定，有時雲層膨脹成大型雷雨雲，轟隆之聲劈開天空，在一小時內向土地倒下了八公分高的雨量。但也有些年就是不下雨，整個雨季的降雨量不超過五公分，人們必須向下挖幾公尺深入不透水層，才有可能找到一些水。即使在雨季，人們還是有可能渴死。

情況好的年頭，雨水相對豐沛。沙地上出現一窪窪水，人們組成一支支小隊四處遊走，只用挖掘棍、集水袋、編織網及鴕鳥蛋殼取水。不同的大家庭偶爾會聚集起來，一起慶祝果實或種子收成，以及捕獲獵物。他們並非隨意漫遊，每條路線都會橫跨已知之地，或是充滿故事的古老地域。每塊土地的特定資源都屬於某一群人，那可能是一棵樹或灌木，或是蜂蜜的來源，而蜂蜜是珍貴無比的瓊漿玉液。群蜂之母是創造萬物的天神之妻，桑族人會為蜂蜜泉源命名，加以保護，若有人侵犯，是足以處死的罪行。

一年中最令人喜愛的時光是四月，那是獵人的季節。儘管桑族的飲食以植物為大宗，但肉類還是大家最想要的食物，而讓男孩轉變成男人的，正是狩獵。到了四月天，雨水幾乎都已驅走炎熱，沙漠的冬日酷寒則尚未進駐。遍地是成熟果實，地面下、藤蔓上、樹木或灌木的枝條上。羚羊才剛產下幼崽，又肥又多。男性會組成小型狩獵團體，把地域拋在腦後，一天在沙漠中走上六十公里，入夜再返回營火與家人相聚。他們裝備輕簡，只帶著短弓和一筒箭，箭袋由樹皮做成，袋口用獵物的陰囊蓋著。此外還有生火的樹枝、喝水用的空心蘆葦草、刀和短矛、修補東西用的植物樹脂、烤肉用的尖棍。

組隊打獵的桑族男性特別留意風吹草動，任何事情都逃不過他們的法眼，葉片的捲曲、樹枝斷裂的方向，以及路徑的寬度、形態和狀況等。沙子會記錄一切事物，桑族人因此很難通姦，因為他們能認出每個人的腳印。此外，桑族獵人單從動物的足跡便能辨認動物前進的方向、時間及速率。他們足智多謀，還常跟凶猛肉食性動物如花豹或獅子爭奪獵物，捕獲獵物的種類之多令人訝異。他們挖了洞，在洞裡放塗滿毒液的木樁以捕捉河馬。他們也冒著生命危險踹大象的後腳跟，斧頭快速揮出，讓這般巨大的動物毫無招架之力。他們在獅子的獵物旁伺機而動，等到獅子饜足，再把懶洋洋的大貓逼開。另外，他們設網獵鳥，也追捕羚羊，那通常要花上好幾天時間。桑族的弓很短，威力又小，有效射程只有約二十五公尺。他們的弓箭也很少能刺穿獵物，只會刮傷皮膚。但這就夠了，因為箭頭塗有致命毒料，那取自兩種甲蟲類的幼蟲，這些蟲靠一種叫做非洲沒藥（*Commiphora africana*）的沙漠植物葉子維生。他們找出成群的甲蟲幼蟲，剝掉外繭，將之儲存在羚羊角做成的容器裡。他們用指尖來回搓動幼蟲，軟化蟲子的內部而不弄破表皮，然後擠出稠狀物，曬乾的毒液一旦射入血液中，便會引發痙攣、癱瘓和死亡。

打獵是種象徵，帶領我們進入桑族生活的核心。沒打過獵的男人不算真正的男人，只是孩子。男人想結婚，得帶著獵肉去見新娘的父母。第一次捕獲羚羊是獵人青春時期最重大的時刻，父親會在他的皮膚上記下這一刻。父親用骨頭在獵人身上劃開一道淺淺的傷口，然後將肉與脂肪混成的東西抹在傷口上。獵物若是公的，疤痕要留在身體右側；母的，疤痕便留在左邊。這道刺青把獵人之心刻在男孩身上，那是強大的魔力來源，因為對桑族而言，狩獵不單是捕殺，也是與獵物共舞。通過此一儀式，獵物最後轉變成真正的貢物與祭品。每場狩獵都以筋疲力竭告終，當羚羊意識到無論牠怎麼做都無法逃離獵人的手掌心時，牠會停下腳步，轉身，然後箭矢飛來。

大型獵物的肉由營地的所有人共享，分配的方式並非由捕獲的獵人決定，而取決於射中動物的那支箭屬於誰。桑族男性通常會互相贈箭，骨製的箭頭、優雅的箭身、完美調製的毒液，在在顯示出桑族工藝技術的高超成就。但箭的影響力主要在社會層面，一次次相互換箭所建立的互惠關係讓桑族更團結，回絕贈禮代表敵意，接受禮物則表示承認雙方既有關聯亦有義務。弓箭所代表的，不止是必須透過交易來履行的債務或在時間內付出的回報，更是一種終身責任：讓個體融入更大的社群裡，把年輕人領進獵人的國度，也將獵人帶回家庭與神聖的營火旁。

若說桑族將陽光視同死亡，火便是象徵著生命、族人的團結及家庭的存亡。男方送女方一份肉禮，兩人便締結了婚約，而女方只要一回到娘家的營火旁，婚姻便隨之告終。母親在黑暗中分娩，回到營火邊宣布產子。長者一旦過於年邁體衰，無法再與眾人為伍，就會被留下來靜待死亡。他的周邊會圍著一圈荊棘灌木，以防鬣狗靠近，腳邊則放著一把火，照亮他的來生之路。桑族有兩個主要的大神，一個是東方天空之神（the Great God of the Eastern Sky），一個是較小的西方之神，祂是負面與黑暗的來源，也是亡靈的守護者。為了避開西方之神、不讓疾病和厄運上身，桑族人會圍著火堆跳舞，讓自己陷入恍惚。位於腹腔的生命能量化成蒸氣，順著脊椎向上爬到頭顱，在體內瀰漫，將靈魂旋入更高的意識中。這場療癒之舞結束之前，圍著火堆的獵人會把自己的頭顱放在火紅的木炭上，以逗弄烈焰與神明。

・・・

語言、**祕密行動**、**精神**、應變的天賦，讓桑族得以存活於喀拉哈里沙漠，而我們的老祖先可能也把這些特質從非洲帶了出來。但不論是當今桑族的民族誌描繪，或還未受現代殖民主義摧毀的桑族生活，都讓我們有些根本的疑問：我們究竟該如何沿著時光追溯，去觸及這些大地浪人的本質。這些先人在地球上所有適合人居的地方找到自己的生存之道，他們知道些什麼？如何思考？除了那些求生存的原始挑戰，還有什麼啟發了他們？一如我的詩人好友艾許勒曼（Clayton Eshleman）的優雅提問：是什麼點燃了想像力的「原始引信」[11]？毫無疑問，那標示出

11・譯注：「原始引信」，juniper fuse，是舊石器時代晚期用杜松樹枝做成的燈芯，因此能夠開始燃火，讓洞穴內開始有了光明，產生洞穴壁上的影子，啟發了人類的想像力，開始走向現代之路。

人類起源的確切時刻，人類意識就此開展，創造了文化。在某個時間點，一切於焉展開。

就我們所知，原人血緣可追溯至幾百萬年前的非洲，而現存最早的骨骸是一名三歲女孩，由古人類學者阿連賽吉德（Zeresenay Alemseged）於二〇〇六年在衣索比亞阿法爾沙漠發現。他將她命名為南猿人屬阿法種，因為她是在阿法爾尋獲，並在該地長眠了三百三十萬年。我們這種「人屬智人種」（智人）則要到二十多萬年前才開始演化。當時我們有直接的天敵，人口數時多時少，一度幾近滅絕邊緣，大概只剩一千人，但某種東西把我們從滅絕邊緣拉了回來。

在歷史上，大多數時間我們都與人族譜系的另一支共享這個世界，也就是我們的遠親尼安德塔人。他們跟我們一樣是直立猿人的後代，顯然已有意識，能使用工具。有證據顯示他們早在七萬年前就有慎重的葬禮。我們這個物種擁有競爭優勢，不論那是由於腦部尺寸變大、語言發展或其他演化觸媒，這種優勢最終都以驚人的方式推動自己的命運，這種智力的迸發讓尼安德塔人僅能掙扎求生。

我們在法國西南部及越過庇里牛斯山的西班牙地底下，目睹了這種精神的原始靈光。兩萬七千年前，最後一群尼安德塔人消逝於歐洲，而在那之前的數千年，我們的直系祖先便已創造出驚人的舊石器時代晚期洞穴藝術。他／她們深入地底，穿越狹隘的通道，在洞穴內用粗陋的現實主義風格畫出他們崇敬的動物，或單隻或成群。他們燃亮動物油脂，在閃爍火光下利用石壁的紋路使畫作栩栩如生，即便今日畫作中的動物早已滅絕，整個山洞卻依舊活靈活現。

這些在蕭維洞（Chauvet）、阿爾塔米拉洞（Altamira），以及後來的拉斯科洞（Lascaux）與派許摩爾洞（Pech Merle）發現的具象藝術非常精巧細緻，其驚人之處不止來自本身的超凡之美，更因這些畫作告訴了我們，人類潛能的光芒曾透過文化成形。他們利用紅赭石與黑錳、氧化鐵與木炭創造斑斕的色彩，使用鷹架，還運用不同技法塗上顏料，這種技巧本身就非常出色，也顯示當時具有相對複雜的社會組織與專門分工，後者也反映了舊石器時代晚期製造器具的技能，能用燧石敲出精美的刮片與刀具。負空間⑫與陰影的運用、構圖與透視法的概念，用疊加的方式呈現不同時間點的動物形體，在在顯示出高度演化的藝術美學，而這也意味著當時的人已有深層表達的渴望。

12・譯注：「負空間」在藝術上指畫作主體（正空間）以外的背景周邊範圍，若將主體與周圍的顏色對調，常會使負空間形成畫作主體，彷彿變成了主題不同的另外一幅畫作。

我最近跟艾許勒曼在法國多爾多涅（Dordogne）待了一個月，他研究洞穴藝術逾三十年。一切從一九七四春天一個命中注定的早晨開始，套句他的說法，他放棄藍天鳥語的世界，前去狹隘黑暗卻讓他身心充滿「神祕熱情」的國度。恰如他之前的許多觀察者，他身處隔絕感官的洞穴中，對所見及所感既驚歎又困惑，他的想像力在意識與吞噬一切的世界間擺盪，那是「一座活生生而深不可測的水庫，儲滿啟靈力量」[13]。他不止注意岩石上的畫作，也留意岩石上沒畫出的東西：野牛與馬是最常出現的動物，肉食性動物最為少見。這些畫像孤零零地漂浮著，沒有背景，也無地平線。人像並不多，沒有打鬥畫面和狩獵場景，也沒有肢體衝突。

弗萊（Northrop Frye）想找出這些畫作的目的，卻徒勞無功。他寫道：「我們或許可以使用**宗教**、**神奇**等字眼，但事實上，作畫者的動機中有某種複雜性、迫切性及極為龐大的力量，對此，我們至今仍無法掌握，更遑論重現當時的情景。」弗萊將動物畫作視為「人類的意識與能力延伸到他們在生活中所能看到力量、能量最強大的事物」。藝術家在將這些動物形體畫到岩壁上時，是以某種方式將「大自然中潛藏的能量、美麗與難以捉摸的榮光融入敏銳的心靈」。我們用人類的雙眼觀察動物形體，然後「猜想自己真正看到的，是披著動物毛皮，以和動物融為一體的巫師或薩滿」。

艾許勒曼也發現洞穴藝術的作用不僅是喚起打獵的魔力，他指出人類在過去的確具有動物性，直到之後的某一刻（不論我們承不承認），人類有意識地讓自己脫離了動物界，成為今日我們所認知的獨特個體，而這門藝術便是向這一刻致敬。從這個角度來看，該藝術就如艾許勒曼所說，根本像是一疊「懷舊的明信片」，惋惜那段人類與動物曾為一體的已逝時光。原始薩滿主義便是第一股巨大的精神脈動，企圖透過宗教儀式去調和甚至重建一段無法挽回的分離。或許最特別的，是舊石器時代晚期的藝術在兩萬年間基本上都沒有改變，而我們離吉薩（Giza）⑭金字塔的興建年代僅有四千年，前者是後者的五倍長。如果那些藝術畫作都是鄉愁明信片，我們的道別之路確實非常漫長。

洞穴藝術也代表我們開始對現狀不滿，開始蠢蠢欲動地追尋意義與知識，這一點推動了人類的夢想。人類這個物種在過去五萬年的生存經驗可以濃縮成兩個詞：**如何**與**為何**。這兩個詞開啟了所有疑問，而人類的文化也圍繞著這兩個詞提煉出零碎的智慧。

13・譯注：引自其詩人朋友艾許勒曼的詩作〈Juniper Fuse〉。
14・譯注：吉薩（Giza），尼羅河西的城市，在埃及開羅西南約二十公里。

人類都必須面對同樣的適應課題。我們都必須生育、扶養、教導、保護後代，並安養邁入晚年的長輩。其實所有文化都會贊同十誡的大多數信條，因為十誡明確說出能夠讓社會性動物茁壯發展的規則。很少有社會不把謀殺或竊盜視為非法，所有文化也都建立了傳統，使性交與繁殖具有一致性。每種文化都尊崇死者，即使有些文化仍難以接受天人永隔的殘酷意涵。

考慮到面對這些共同的挑戰，文化適應的範圍之廣與多元便格外令人驚豔。從東南亞雨林及亞馬遜到澳洲乾燥平坦的沙漠，從喀拉哈里到遙遠冰封的高北極地區域，從寬廣的美國平原到巴塔哥尼亞大草原，狩獵與群聚的社會無不蓬勃興盛。旅者及漁人落腳在世界各大洋的每條島鏈上。大海的豐富資源造就了複雜社會，鮭魚、燭魚、鯡魚讓西北太平洋的「第一民族」（First Nations）得以維生。

新石器時代革命在一萬多年前展開，人類開始馴養種植動植物。游牧民族生活在這個星球上的邊緣地帶：撒哈拉沙漠、圖博高原、風中的亞洲大草原。農人手捧滿滿的禾草，小麥、大麥、稻米、燕麥、小米、玉米。過剩的糧食可以儲存起來，人們從此可以定居下來，還出現階級及分工，也就是傳統定義中的文明標誌。大城市興起，接著演變出王國、帝國和民族國家。

再多的課程，都無法講盡人類文化的神奇豐富。**文化**一詞的概念包羅萬象，卻很難有明確的定義。一個在新幾內亞山間與世隔絕、只有幾百人的小社會有自己的文化，愛爾蘭和法國這樣的國家也有。截然不同的文化有可能共享類似的精神信仰，這一點在受基督教、伊斯蘭教及佛教感化的地方的確非常普遍。一般而言，語言雖然都試圖描繪出獨特的世界觀，但以阿拉斯加人為例，儘管他們已經無法說自己的母語，卻依然保有蓬勃盎然的文化內涵。

文化一詞的涵義深遠，最接近的解釋或許是：我們透過觀察及研究語言、宗教、經濟組織、裝飾藝術、故事、神話、儀式、信仰，以及許多因應環境而生的特質與特徵後，認知到每支民族都是獨特而不斷變化的星群。文化的完整範疇還包括族群的行動和夢想，以及賦予他們生命意義的寓言。家鄉則是一族的生態與地理母體，他們決定要在此活出自己的命運。描述一支民族就要提及他們的家鄉特色，否則便不是完整的描述。景觀地貌決定了一地的特質，而文化就從該地的精神中湧出。

在這一連串的內容中，我希望能與你們一起探索世界的某些角落。我們將會航行到玻里尼西亞頌讚航海的藝術，有了這門技藝，當地的尋路人才能靠著想像力與天賦深入整片太平洋。我們也將在亞馬遜等待一支失落文明的後代，他們是巨蟒的子民、數種文化的複合體，在神話祖先的啟發下，至今仍決定了森林裡的人類必須如何生活。在安地斯山脈和哥倫比亞的聖瑪爾塔內華達山脈中，我們會發現地球真的是活的，有脈動，能夠用上千種方式與人類的精神互動。「夢時」（Dreamtime）與「歌徑」（Songlines）[15]則帶領我們到安恆地（Arnhem Land）的白千層森林，讓我們試著了解澳洲原住民這群首批出走非洲的人類的那股精妙哲學。尼泊爾的碎石小徑將我們帶到一扇門前，門開啟，我們看到智者燦爛的笑臉，她是菩薩，息桑阿尼（Tsetsam Ani），四十五年前進入終生歸隱的比丘尼。犀鳥的飛翔如同大自然的隨意揮灑，讓我們知道自己終於抵達婆羅洲的丘陵森林，置身游牧的本南族部落。

我們在這趟旅行最終發現的事物，將會是我們下一世紀的任務。遍地野火燒去了植物與動物、古老技術和富有遠見的智慧。此刻面臨存亡關頭的事物，包括大量的知識與技術、源源不絕的想像力，以及由數不清的長者、療癒者、勇士、農夫、漁人、產婆、詩人和聖者的記憶所構成的語言和文字。簡而言之，也就是複雜、多元的人類經驗所展現的藝術、智慧與精神。我們必須撲滅這股烈焰、這場蔓延的大火，重新欣賞文化所展現的多元人類精神，這將是我們這個時代最重要的任務。

15・編注：此二詞之翻譯及說明請見頁143。

S

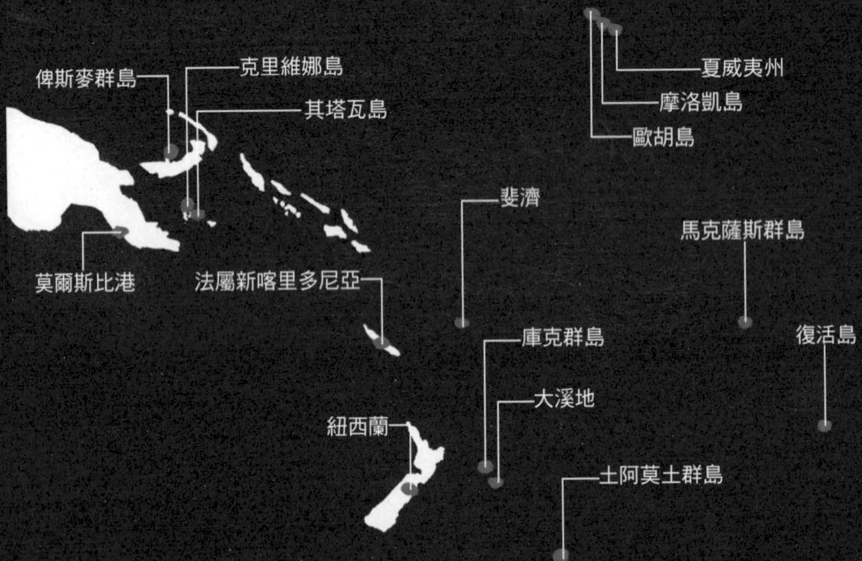
俾斯麥群島
克里維娜島
其塔瓦島
夏威夷州
摩洛凱島
歐胡島
斐濟
馬克薩斯群島
莫爾斯比港
法屬新喀里多尼亞
庫克群島
復活島
大溪地
紐西蘭
土阿莫土群島

尋路人

The Wayfind

「那便是我們往前航行的理由。
我們的孩子因此得以長大成人，並以自己的身分為榮。
我們與祖先重新連結，以治癒自己的靈魂。
在航行中，我們從古老故事的傳統不斷創作出新故事，
我們確實在舊文化中建立起新文化。」

——奈諾亞・湯普森（Nainoa Thompson）

That's why we sail. So our children can grow up and be proud of whom they are. We are healing our souls by reconnecting to our ancestors. As we voyage we are creating new stories within the tradition of the old stories, we are literally creating a new culture out of the old. — Nainoa Thompson

讓我們來探索史上最大的文化圈，一窺人類無窮無盡的想像力。玻里尼西亞，兩千五百萬平方公里，將近地球表面的五分之一，成千上萬座島嶼如珠寶般撒落南方海面。幾個月前，我有幸加入好友奈諾亞及玻里尼西亞航海協會在「雙身獨木舟」（*HoKule'a*）①上的訓練任務。這是一艘美麗而極具代表性的大船，以夏威夷的聖星「大角星」（Arcturus）為名，是古玻里尼西亞大航海獨木舟的複製品。雙身獨木舟擁有雙重船體、露天甲板，十八．八公尺長、五．八公尺寬，由長逾八公里的繩索綑紮而成，總排水量十．八公噸。一九七五年首航後，便縱橫於太平洋上，至今航行約十五萬公里，到訪過玻里尼西亞文化圈內的每列群島，從夏威夷到大溪地，再到庫克群島，越過奧特亞羅瓦（或稱紐西蘭），向東至馬克薩斯群島，東南至拉帕努伊（或稱復活島），甚至遠達阿拉斯加和日本沿岸。雙身獨木舟可搭載十名船員，包括船長和導航員兩位要角。船上完全沒有現代化航海設備，只有一架收音機，僅供危急使用。沒有六分儀、測深儀、全球定位系統、轉頻器，有的只是導航員的感官、船員的知識，以及整體族人再創的驕傲、權威與力量。

西班牙人在十六世紀首次航入太平洋，遇見全新的世界。這群人中，首先靜佇在達里安②某座山不的是柯蒂斯（Cortés），而是巴爾波（Vasco Núñez de Balboa）。他以蒼鷹之眼凝望海洋，浮想連翩。這片海洋之大，使西邊的島嶼、荷馬的黃金國度，乃至「曾眼見的美好城邦與王國」都相形見絀③。以上是詩人濟慈在兩個世紀後所寫，他以敬畏的心情揣想那批西班牙人可能會有的感受。一五二〇年，麥哲倫花了三十八天繞過南美洲南端的好望角，此時已有半數

1．編注：雙身獨木舟是玻里尼西亞的古老船隻，由兩艘大型獨木舟並排拼合而成，並配有船帆。19世紀至20世紀初，這種船隻的航海技術與造船方法已大多失傳。直至一九七三年，玻里尼西亞航海協會成立，依據傳統口述歷史、考古發現與造船技術研究，開始重建傳統船隻，並向密克羅尼西亞的導航員馬烏．皮艾魯格（Mau Piailug）學習傳統導航技術。

2．譯注：達里安（Darien），位於巴拿馬東部，隔開達里安灣和巴拿馬灣。

3．譯注：在英國詩人濟慈（John Keats）的《初讀查普曼譯荷馬有感》一詩中，便寫道是柯蒂斯以蒼鷹之眼注視太平洋（…Or like stout Cortez when with eagle eyes/He star'd at the Pacific）。作者借用濟慈這首詩的諸多元素來鋪寫這一段。

船員死亡。船隻駛入遼闊空無之境，一片他以為風平浪靜的海域。接下來四個月的航程中，存活下來的船員一天天相繼死亡，他卻恰好錯過了太平洋中有人居住的島嶼，最後在一五二一年四月七日登陸今日菲律賓的宿霧島。就各方面而言，麥哲倫都堪稱勇敢堅毅，但也非常固執。在迫切與盲目之下，他無意間繞過了一整個文明，一個本可以讓他學到許多大海知識的文明。

三個世代後，玻里尼西亞人與西班牙人展開長期接觸。一五九五年，西班牙航海家內拉（Álvaro de Mendaña de Neira）隨著帝國的東方貿易登上火山群島。這十座島嶼就像赤道海上的哨兵。內拉連陸地都還未登上，就將這列群島命名為馬克薩斯，該名來自他的贊助者孟道薩（García Hurtado de Mendoza），即卡涅特侯爵，當時的秘魯總督。這列群島是世上最孤絕的島嶼，但在當時也擁有三十萬住民，當地人稱之為「特黑烏那，特埃那塔」（*Te Henua, Te Enata*），意為「人類之地」。

這是一場文明與文明的奇特相遇。馬克薩斯人認為他們的島嶼是世界盡頭，在神話中，他們的祖先是乘著海風與浪濤從西邊而來，而此處即為最後一站。據說當地每個人都是始祖「堤基」（*Tiki*）的後代，而每個宗族的歷史也都可回溯至那場來自日落之地的原始大遷徙。東方海平線的盡頭後方，便是來世。靈魂在那裡脫離軀殼，遁入海中。因此，在馬克薩斯人眼中，西班牙人就像惡魔，是出生在東方遙遠天邊的邪惡化身。他們荒淫奸詐、殘忍無道，毫無可取之處。既無技能，也無食物或女人，更無知識，甚至對大自然最基本的構成要素都一無所知。他們的財富僅限於手上握有的奇異金屬製品，雖然那的確值錢，但他們對真正的財富卻毫無所知。真正的財富其實是聲望，而一個人要享有社會地位，就必須有能力負擔社會責任，能將多餘食物分配給需要的人，讓大家享有免於匱乏的自由。這些陌生的白鬼（White Atua）④來自海平線的彼方，在生命位階上無足輕重。他們如此野蠻，巫術影響不了他們，連祭司的法力也無可奈何。他們無知到連首領與平民都不分清楚，甚至都以凶暴鄙視的態度對待兩者。

而西班牙人這一方，則對島民那溫文又殘酷的表現感到困惑。這裡的人是傑出的戰士，殺人不眨眼，但他們的戰鬥卻是季節性的、預想好的、有計畫的，且是儀式性的。只要有一人陣亡，戰鬥便告結束。另外，馬克薩斯人沒有時間感，缺乏罪惡或羞恥的觀念。當地女人習於賣弄風情，還當眾性交，但當她們看到西班牙人當眾小便這種一般男人都會做的事時，卻感到震驚與噁心。若說淫亂使人興奮而困惑，那麼食人行為與活人祭就是令人不寒而慄，而一妻多夫

4・譯注：Atua 是玻里尼西亞語中的神或靈魂之意。

制及無比荒唐的「聖誡」（*tapu*）也同樣令人懼怕。聖誡是當地的巫術規則與懲罰系統，在日後衍生出「禁忌」的概念。當地還有一種野蠻的表現：馬克薩斯男性會把腰部至膝蓋的身體全刺上鮮豔的藍黑色刺青，包括最敏感的生殖器皮膚。

西班牙人最大的疑惑是，如此原始的族群為何能有這麼高的成就。整片山坡與河谷種滿了作物，蓋出壯觀的石砌梯田和灌溉渠道，巨大的平台可舉行千人以上的儀式活動、豐收盛宴及戰爭結束或首長就任時的慶典。此時，祭司會逐一背誦整部世界神話史，數百行聖詩就這麼收在一個人的腦海裡。倘若他在某個語詞上卡住或結巴，就必須從頭來過，因為這些文字不只勾勒出歷史的軌跡，更預示了未來的跡象。大型平台的四周延伸出碧綠的芋頭田和甘藷田，還有露兜樹與椰子樹。麵包果樹是他們的生命之樹，馬克薩斯人會在涼爽的土地上建造大型石坑，在無氧的環境下保存數公噸的澱粉類食物，隨時都備有八個月的糧食，就算碰上最恐怖、最具破壞力的颱風，也撐得過去。

西班牙遠征隊副隊長奎洛斯（Pedro Fernandes de Queirós）認為，他與隊友在海灘上遇到的這些原住民，不太可能打造出與土地結合如此之深的文明，因為他看到當地女性像魚群般包圍著西班牙船隻，原因是「聖誡」禁止女性使用獨木舟。這些小島離西班牙轄內海域的軍事前哨站少說都要三個月航程，而一個連女性都無法載送的文化，怎麼有可能移居到那些島上？此外，他也注意到該族並沒有磁性指南針，沒有指南針的協助，這些人如何航向這些島嶼？奎洛斯將神話與地理結合起來，下了個結論：馬克薩斯實際上只是南方某座宏偉大陸的前哨，而島上住民則是被某個尚待發掘的古文明運到當地。於是，這些西班牙人上岸不到一個月，便再度航上太平洋去找尋這塊傳奇大地。這個徒勞的尋覓，將耗盡奎洛斯的餘生。

．．．

奎洛斯並不是最後一位被玻里尼西亞之謎所誤導、迷惑的水手。歐洲的海上運輸一度由於缺乏測量經度的導航儀器，只能緊挨著歐洲大陸的海岸線航行，遠離那片令人生畏的開闊海洋。造型奇異的船隻縱橫在太平洋開放水域的消息，慢慢傳回巴黎和阿姆斯特丹。一六一六年，一艘荷蘭海軍軍艦在東加與薩摩亞之間航行，碰上了一大群遠洋貿易的獨木舟船隊，而英國政府卻直到一七一四年都仍透過國會法案提供兩萬英鎊來徵求能在海上判定經度的人，當時倫敦一棟豪宅只消數百英鎊就可以完成所有裝潢。事實上，在航海天文鐘發明之前，航海家都是倚賴「航位推算法」⑤，普通船隻在海上一旦看不到陸地就會有危險。然而，此時的太平洋上卻有不

5．譯注：航位推算法是依靠船速、航行時間等資料來推估風速和水流等變化之後，再據此調整航位的一種方法。

尋常的事正在上演。

庫克船長（James Cook），英國皇家海軍史上最傑出的航海家，首先正視這件事情。他的旗艦在登陸夏威夷時遇到三千名原住民組成的獨木舟船隊；在東加，他發現他的船隻航行了兩里格⑥時，當地的船隻卻可以航行三里格；他也遇到通曉大溪地語的馬克薩斯人，儘管兩座島嶼相隔約一千六百公里。一七六九年，當他展開第一次遠航時，在大溪地遇到一位祭司導航員圖帕伊亞（Tupaia）。圖帕伊亞光憑記憶，便繪製出玻里尼西亞每個主要島群，夏威夷與奧特亞羅瓦除外。他在沙灘上放了一百二十多顆石塊，每塊都代表一座島嶼，範圍從東邊的馬克薩斯橫跨四千多公里到西邊的斐濟，距離相當於東西橫跨美國大陸。圖帕伊亞隨後與庫克一同從大溪地航行到紐西蘭，這趟迂迴曲折的旅程走了約一萬三千公里，從南緯四十八度跨到北緯四度。根據庫克的報告，這位玻里尼西亞的導航員既沒有六分儀的協助，也沒有航海圖的知識，卻能在航程的每個時刻精確指出返回大溪地的方向，令他驚異不已。

庫克和自然學家班克斯（Joseph Banks）都學過大溪地語，兩人都發現相距遙遠的島群之間有明顯的文化關聯。班克斯以語言學證據提出一個可能：太平洋上的人民發源自東印度群島，而庫克也相信玻里尼西亞人是由西移居而來。圖帕伊亞讓他知道風的某些祕密，還有白天如何跟著太陽、晚上跟著星辰走。這位導航員也詳細描述大溪地到薩摩亞和斐濟、向南到澳大利亞，以及一路向東至馬克薩斯的方向，庫克對此格外印象深刻。但庫克不相信玻里尼西亞人的這些航行是刻意為之。他了解太平洋有多狂暴，也遇過一群逆風而無助的大溪地人偏離航道幾百公里漂流著，終至困在庫克群島上好幾個月。

這段經歷也開啟了一場繞著海水打轉將近兩個世紀的辯論：究竟這些人是誰？他們從哪裡來？又是如何不可思議地跨海來到這片遙遠而孤絕的陸地上定居？一八三二年，法國探險家杜蒙（Dumont d' Urville）將太平洋上的種族分為三類：密克羅尼西亞人住在赤道以北西太平洋上的小型環狀珊瑚島，美拉尼西亞人定居於新幾內亞「黑暗島嶼」、所羅門群島、萬那杜、新加勒多尼亞和斐濟，玻里尼西亞人則涵蓋東太平洋上其餘的「眾多島嶼」。密克羅尼西亞一名來自島嶼的大小，美拉尼西亞則來自住民的膚色⑦，儘管兩者都是很主觀的稱呼，在歷史或人種學上都站不住腳，卻沿用至今。杜蒙在分辨玻里尼西亞人的時候，發現每位船長的航海日誌上都如此記載：在這整片海面上，真的有這麼一個語言相近、歷史觀相同的單一文化領域，其

6・譯注：里格（league），古老的距離度量單位，在海上約等於五五五六公尺。

7・編注：密克羅尼西亞的英文為Micronesia，Micro-是「小」的意思，美拉尼西亞為Melanesia，Melan-則是「黑」的意思。

範圍最遠的兩個端點有加拿大的兩倍寬。玻里尼西亞人住在這些島嶼上可謂不證自明，但關於他們如何做到這件事的解釋，卻證實了詩人惠特曼所言：歷史不過是學校老師編造的騙局。

早在一八〇三年，派駐在菲律賓的西班牙神父馬地內斯（Joaquín Martinez de Zuniga）便以風向推斷船隻不可能向東航行，從而判定南美洲是玻里尼西亞的發源地。不久後，澳洲早期殖民地新南威爾斯極富影響力的神職人員藍（John Lang）率先提出「意外偏航」（accidental drift）的理論，主張玻里尼西亞人從西邊來到這些島上定居純屬意外。水手不幸被吹離航道，漁夫出海覓食卻意外踏上新土地。但這種偶然的擴張並不合邏輯，畢竟那些漁夫是將所有家當都帶到海上，包括雞、豬、狗、芋頭、香蕉、甘藷，更別說還有家人。不過，這種解釋的便利之處，是讓西方人在承認既定的歷史事實時，又能否定玻里尼西亞人的偉大成就。「意外偏航」尤其受紐西蘭文官索普（Andrew Sharp）支持，且直到一九七〇年代初期才告沉寂，當時有人根據海軍水文地理紀錄的風向和洋流，進行了一連串精密的電腦模擬，最後得出的結論是：在一萬六千筆從玻里尼西亞東邊許多地點出發的意外偏航模擬中，沒有一條能夠抵達夏威夷。

有兩個人把事情變得更混亂。他們不以世界原有的樣貌去看待世界，而是把世界看成他們想要的樣子。彼得・布克爵士（Sir Peter Buck，原名Te Rangi Hiroa），母親是毛利人，父親為愛爾蘭人，本人則是二十世紀中葉卓越的玻里尼西亞學者，主掌檀香山的畢夏普博物館多年，並在耶魯大學擔任重要的教授職。在那個仇視黑人的年代，他對自己的混血身世極度敏感，亟欲讓玻里尼西亞人與「黑人」畫清界線，於是他提出一個理論，認為太平洋的住民是在一波計畫性的移民潮中，從亞洲移居過來，而這股橫掃各島嶼的移民潮獨獨避開了美拉尼西亞區域。這套理論與地理現實正好相反，也無視幾乎所有玻里尼西亞的作物都源於美拉尼西亞，儘管如此，布克仍藉此聲稱：「太平洋島嶼的嫻熟水手都是高加索人種，因為他們不像黑人種為鬈髮、黑皮膚、細短腿，也不像蒙古人種為扁平臉、矮個子、內眼褶下垂。」

如果說布克是因為種族的不確定感而扭曲了他觀看歷史的角度，年輕的挪威動物學者海爾達（Thor Heyerdahl）則是將整個歷史倒置。在用輕木筏渡過七千多公里恐怖的海上之旅後，他宣稱玻里尼西亞的移民是來自南美洲。這艘名為「康堤基號」（*Kon Tiki*）的輕筏從秘魯出發，完成一〇一天的航行，然後在一九四七年八月七日撞上大溪地東北方八百多公里土阿莫土群島（Tuamotus）的一塊拉羅亞環礁，於是，一位《國家地理雜誌》的英雄誕生了。海爾達一頭金髮，相貌英俊，皮膚在陽光下曬成古銅色，極具魅力，同時也非常上相——根本就是現代探險家的典範。然而，他認為太平洋島嶼居民源自美洲的論調，卻與事實背道而馳。

他的論點建立在三項缺乏證據的基礎上。第一，海爾達跟早期的西班牙人一樣，一直認為玻里尼西亞人不可能逆著盛行的赤道風往東行駛。這個老掉牙的迷思其實從庫克船長與導航員圖帕伊亞的對話中就已獲得澄清。真實的答案在玻里尼西亞其實是公開的祕密，但海爾達可能不知道，或者，至少這個答案對他的假說很不利。事實上，每年一到某個時間，信風風向會逆轉，水手就能恣意往東航行，而且他們深知一旦迷航，只要等待東風再起，他們就能回家了。

海爾達的第二個論點則著眼在大型建築上。他將玻里尼西亞的石造建築與印加建築相比，就兩者的相似性做出一知半解的比較，而這在考古學家訓練有素的眼裡，毫無意義可言。第三點，也是唯一有趣的可能性，就是玻里尼西亞有一種甘藷（*Ipomoea batatas*）是美洲的原生植物。然而正如我們今日所知，上述論點都意味著玻里尼西亞的船隻曾經抵達南美洲然後返航，最近在智利南岸埃爾阿雷那爾（El Arenal）一處前哥倫布時代貝塚中發現的雞骨頭（原生於亞洲的鳥類）也證實了此事。

海爾達在發表這些聳動的言論時，對語言學、民族學、民族植物學的眾多證據置若罔聞，而今日的基因與考古資料進一步加強這些證據，並在在指出海爾達顯然是錯誤的。他忽略了一件事：航程一開始他就向秘魯海軍求援，好讓康堤基號能越過洪保德洋流（亦即秘魯洋流）。此外，不論是他的年代或者今日，都沒有證據顯示前哥倫布時代的南美洲輕筏已有帆具設備。的確，海爾達的解釋相當鬆散，時序也相當隨興，就像某位學者所說，海爾達的理論正如現代某個歷史學家發表以下論調：「美洲是亨利八世在羅馬帝國晚期時所發現，然後他帶了一輛福特雷鳥給愚昧無知的原住民。」不過這些影響不大，海爾達的故事造成轟動，而他的著作《康堤基號》也持續銷售超過兩千萬冊。

・・・

對玻里尼西亞人及嚴謹的玻里尼西亞學者而言，海爾達的理論否定該文化的高度成就，這不啻是最大的羞辱，但也因此激發出兩個極度重要的行動。首先，這迫使考古學家去挖掘、尋找並發現能讓他們追索玻里尼西亞人大遷徙的具體證據。第二，引領夏威夷人開始航行。

一九七三年，「玻里尼西亞航海協會」創立，並在一九七五年三月八日讓雙身獨木舟下水首航。這原先只是個極富遠見的實驗，後來逐漸發展為一項長期任務，力圖重溫歷史，並重拾被偷走的遺產。

對考古學家來說，最困難的挑戰一直以來在於缺乏足夠的物質遺留，因此無法建立時間順序。儘管玻里尼西亞人在很多方面相當進步，不過在最早與歐洲人接觸時並沒有使用陶器。

一九五二年，在珊瑚海中的法屬新喀里多尼亞首次出現重大突破。考古學家在喇匹塔（Lapita）海灘附近的偏遠地方找到了陶器，這些附有獨特圖樣的陶器，與三十年前在東方兩千四百公里外東加島嶼所發現的陶瓷碎片極為相似。隨後在新幾內亞、萬那杜、斐濟和所羅門群島的發現，更確立這個失落文明的存在。這個古老文化圈始於公元前一千五百年，從美拉尼西亞東邊一路擴及太平洋。在這齣宏偉的史前史詩中，有個以原生地新喀里多尼亞上的海灘命名、我們稱之為「喇匹塔」的民族離開了新幾內亞森林的原鄉，到世界各地定居。他們在五百年（可能是二十個世代）內逆風航行三千兩百公里，抵達斐濟，甚至更遠的薩摩亞與東加。在公元前十世紀，他們便已完成這項旅程。

接著出於不明的原因，遷徙停止了將近幾千年。製陶的傳統消失了，但留下了句法與文法、刻石和裝飾身軀的意義、祖先的力量，以及風的神聖起源。大約公元前兩百年開始，另一波探險在今日玻里尼西亞人直系祖先的啟發下展開了。他們從薩摩亞和東加往東航去，抵達庫克群島、大溪地和馬克薩斯群島，航程約四千多公里。幾個世紀之後他們又有新發現，先是拉帕努伊（復活島），接著是在公元四百年定居夏威夷。玻里尼西亞人大遷徙最後的重要階段約於第一次十字軍東征展開，當時航海家向南方與西方探尋而去，在公元約一千年左右在奧特亞羅瓦（後來的紐西蘭）上岸。玻里尼西亞人早了哥倫布五個世紀，僅用八十代的時間就幾乎進駐太平洋上的每列島群，畫出一個文化生活圈，涵蓋地球兩千五百萬平方公里的表面積。

花點時間想像遷徙旅程中所使用的東西：水手用開放式雙體船航行，而製作這種船的工具全以珊瑚、石頭和人骨製成，帆布以露兜樹織成，地板則用椰子樹纖維編成的繩索纏在一起，若船有裂縫，則用麵包果的汁液與樹脂封住。這些人白天受日曬，夜晚有寒風吹襲，飢渴常相為伴，在惡劣天氣下橫越數千公里的海洋，發現數以百計的新陸地，有些規模如小型大陸，有些是地標不高於一棵椰子樹、直徑小於一公里的環礁島。

有些漁民的確是在追尋遠洋魚而駛離岸邊時被風吹到大海中或受困，但這些航程有驚人的證據顯示是特意為之、有目的的發現之旅。他們為什麼行動？為什麼有人願意冒著生命危險離開大溪地或拉羅湯加這樣的地方前往無人之處？聲望、好奇、冒險精神確實發揮了作用，讓人們往日出的方向駛去，儘管很可能一去不回，卻確實是大勇之舉，能給族人帶來無上光榮。口述史暗示了有半數遠征隊可能以災難收場。儘管失敗暗示死亡，但留守家園的人卻在想像的成功中獲得莫大鼓舞。他們在夢裡看見新大地從海洋盡頭升起，迎接他們遠航的親戚。那些男男女女因其卓越之舉而被奉為神明。

就如同任何文化，這當中還有更世俗的動機。玻里尼西亞採長子繼承制，社會結構也高度階層化，所以次子、三子或家庭氏族地位較低的子弟若要獲得財富或社會地位，唯一的方法就是發現新世界。自然及人為的生態重大事件或危機，也都會促成發現。拉帕努伊（復活島）的花粉紀錄顯示，在玻里尼西亞人到來之前，島上密布亞熱帶森林，但歐洲人登陸時，島上樣貌已完全改變，許多當地生物瀕臨絕種、土壤資源消耗殆盡。紐西蘭不會飛的鳥種在一個世代的殖民中消失無蹤。玻里尼西亞人有充分的能力去過度剝削大自然，當他們人口超過土地的承載力之後，便別無選擇，只得離開，也就是往海上去。

無論究竟動機為何，古玻里尼西亞人就是啟航了。儘管許多航程真的都是為了探勘，而且某些有人定居的遙遠島嶼諸如拉帕努伊也確實隨著時間越發孤立，但不是所有航行都是令人絕望的單程之旅，相反地，所有證據都顯示那些定期的長程貿易是沿著既有航路縱橫整片海洋。

但玻里尼西亞人究竟是怎麼做到？他們沒有留下任何文字紀錄，而是以口述傳統將所有知識都儲藏在記憶中，一代傳一代。除了像庫克船長這樣顯著的例外，早期的歐洲人並未費心去研究、記錄這座不凡的航海知識寶庫，更遑論頌揚，這是歷史上的莫大悲劇。對公正的觀察家而言，這些傳統航海家的聲望與權威應是顯而易見，他們是每個社群的文化核心。航海從根本上決定了玻里尼西亞人的認同，而世人忽略這些大師不僅是出於疏忽，而是征服之後的文化碰撞無可避免的結果。

接觸帶來混亂與毀滅。玻里尼西亞社會中，除了航海家之外還有兩根砥柱，即酋長和祭司。酋長的權威來自他能掌控並分配多餘食物，祭司的權力則在於有靈力執行該文化中視為神聖規則的聖誡。當時歐洲疾病橫掃島嶼，不到一個月便奪去馬克薩斯島上八十五%以上的人口，不但摧毀了傳統經濟，也削弱了祭司的威望，因為他們無法隨意懲戒那些既觸犯了聖誡，又奇蹟般地對瘟疫免疫的外國人。接下來還有大量傳教士紛紛跨海上岸，他們認為這些島民的不幸是咎由自取，甚至對他們的宗教信仰嗤之以鼻，認為只是粗鄙的偶像崇拜。在這種氣氛下，確實很難讓歐洲人承認玻里尼西亞人的航海技術可以媲美甚至超越歐洲水手。特別是歐洲人將航海技術視為國家尊嚴，英國尤其如此。然而，玻里尼西亞人的技術確實比歐洲人高明。

・・・

我們打算從摩洛凱島⑧出發往北航行，在那之前先離開考艾島去繞行歐胡島（Oahu），此時

8・譯注：摩洛凱島（Molokai），夏威夷群島中的一個火山島。

天空下起滂沱大雨，奈諾亞・湯普森在**雙身獨木舟**的甲板上告訴我，要了解古玻里尼西亞人的天賦，你必須從玻里尼西亞世界的基本元素著手：風、海浪、雲、星辰、太陽、月亮、鳥、魚，還有水本身。傳統航海家其實就像科學家，透過親身經驗、測試假說來學習技術，並向自然科學各分支取經，包括天文學、動物行為、氣象學及海洋學。他們在這方面投注的心血超乎想像，且死而後已，也在這個社會地位代表一切的文化裡獲得無上聲望。換句話說，全人類的卓越智慧，以及內心深處的渴望與雄心，皆用於征服海洋。

馬塢・皮艾魯格擔任奈諾亞的老師超過三十年，他是航海大師，來自密克羅尼西亞加羅林群島的薩塔瓦爾島。馬塢在小於一・五平方公里的珊瑚小島上成長，那裡僅紐約中央公園的三分之一大。他的世界就是海洋，祖父和曾祖父都是導航員。馬塢一歲便被選為祖先智慧的繼承者，還在嬰兒期就被放在波動的池子裡幾小時，以感受並掌握大海的韻律。他在八歲展開首次海洋之旅，在洶湧的海浪中暈船，老師的解決之道是將他綁在繩索上，拖在獨木舟後方，直到他不再反胃。十四歲時，馬塢將自己的睪丸綁在船身的繩索上，以更仔細地透過水去感受獨木舟的律動。馬塢不止學會駕船，也了解大海的祕密，包括波浪的物理學與形上學。據說他光在腦海中想像島的畫面，就能把島嶼從海中召喚出來。

奈諾亞這名年輕的夏威夷人來自失勢的貴族家庭，他的祖母在教會學校裡因為說母語而遭到毒打。馬塢的成就激發了他，他不僅找到希望，也立下壯志。馬塢教他如何留意氣象、觀浪、理解星辰代表的意涵——套用他的說法，便是在心中畫出島嶼的導航圖。

奈諾亞告訴我，盛行的信風確實從東方吹來，但並非如海爾達或其他人所設想，那麼簡單就主宰了該區。就如同導航員圖帕伊亞曾經跟庫克船長解釋過的，每年有段時間風向會倒轉，西方來的微風會吹向整個太平洋。有個低壓槽在澳洲北方形成一條向東的通道，也就是喇匹塔文明從俾斯麥群島遷徙到中太平洋的路線。同理，在更北接近夏威夷的地方，也並非一直吹著東風。更有甚者，雙身獨木舟已經以十幾趟長途航行證明，即便是滿載的獨木舟，也有可能在逆風中以之字形前進（搶風行駛）。

奈諾亞補充道，與其說古玻里尼西亞人在現代就是所謂的導航員，不如說是尋路人。當他們從大溪地航向歐胡島時，並不是規劃前往珍珠港，而是打算尋找一串島群，也就是夏威夷群島。其次，太平洋上的距離並不像地圖所顯示那麼驚人，除了玻里尼西亞文明圈最遙遠的三個點拉帕努伊（復活島）、夏威夷和奧特亞羅瓦（紐西蘭）之外，至少以直線來說，從美拉尼西亞行經玻里尼西亞的航程都不超過五百公里，陸地也比地圖上還多。在海上，肉眼所見的範圍差不多有五十公里左右，如果每次登陸時都畫上一個半徑五十公里的圓，會突然發現海洋縮小了，而陸地所「覆蓋」的區域則大幅增加。

雲也為尋路人提供線索，包括形狀、顏色、性格，還有在天空的位置。棕色的雲會有強風，高空的雲代表無風，卻會帶來大量降雨。雲的動向也能顯示風的強度與方向、天空的穩定度還有暴風雨鋒面的劇烈程度。尋路人也以完整的命名系統描述那些聚集在島群上方或者橫掃過遼闊海洋的各種雲。光線本身就透露許多訊息：星星周邊會有彩虹色彩、暴風逼近時天空會如何發光又變暗、島嶼上方的天空色調永遠比海上來得晦暗、日出日落時的紅色天空顯示出空氣中的濕度，還有，月亮周圍出現光暈是下雨的前兆，因為那是光線穿過雲層溼氣中的冰晶所造成。光暈間的星星數量也能預告暴風雨的強烈程度，少於十顆就會有麻煩：風速會很高，也會帶來豪雨。如果月亮邊有兩圈光暈，會有狂風來襲。

另外也可從野生動物和海標（相對於地標）中找到蛛絲馬跡，像是鯊魚在海中慵懶游動，或一隻從鳥群中落單的鳥。海豚和小鯨游進遮蔽水域，表示會有暴風雨；軍艦鳥飛出海去，代表將會風平浪靜。信天翁這樣的遠洋鳥類提供不了任何訊息，但海燕和燕鷗每天會離巢飛行固定距離，於日落時離開大海，每晚返回陸地上的家，路徑跟羅盤的方位一樣精準。看到白燕鷗，便可知兩百公里內有陸地。棕燕鷗最遠只能飛六十五公里，鰹鳥則很少超過四十公里。海中植物的磷光和碎屑，海水的鹽度、味道和溫度，劍魚游泳的方式，這些在導航員眼中都是訊息。

這一切都很合理，直到我們在漆黑的夜裡繞到夏威夷摩洛凱島後方，往北航行卻迎向遠方的暴風雨。正如奈諾亞所言，尋找這些線索、跡象是一回事，彙整資訊並即刻面對海上瞬息萬變的力量與現實則是另一回事。

天空清朗，海面一片漆黑，這個人間天堂被無數寂靜的星星所包圍。雙身獨木舟緩慢沉重地破浪前進。浪不算大，卻也足以將甲板抬起，遮住所有海平面——至少對我的眼睛而言是如此。船員每兩小時換班，每個人輪流掌舵。這個舵不是那種方向舵，而是需要三個人才能控制的長型舵槳。被夜色籠罩的獨木舟成了整片天空羅盤的針尖。在我們後面坐著一位導航員，名叫卡伊烏拉尼（Ka'iulani）的年輕女性，奈諾亞的門徒。她在整趟航程中一天要保持清醒二十二小時，只在心靈需要休息時才短暫睡一下。

卡伊烏拉尼和奈諾亞及其他經驗豐富的船員一樣，都能夠叫出、找到兩百二十多顆夜空中的星星，她認識各種星座，也知道星座的蹤跡，包括天蠍座、南十字星、獵戶座、金牛座還有北極星。但對她而言，最重要的是那些在低空中剛升起或即將落下的星星。奈諾亞解釋：當地球自轉時，每顆星星都會從東方升起，越過天空成一道弧形，然後在西邊落下，而且在海平面上升起落下的點終年相同，但每天升起的時間會晚四分鐘。如此一來，若有人能夠將所有星星和專屬的位置、每一晚何時出現，還有星星穿破或落下地平線的方位悉數記下，就能擁有三百六十度的羅盤儀。夏威夷人將這樣的羅盤儀分為三十二個星宿，每個星宿都是海平面的一部，並以天體命名。每一顆星星都只能參照一次，因為當它以彎弧畫過天空後，方位就改變了。但接下來又會有另一顆星升出海平面，導航員同樣知道其方位。在熱帶，海上的一晚約十二個小時，有十顆這樣的導航星就足以保持航向。船員掌舵時會在導航員的指導下利用獨木舟的船身來定位，例如用船桅頂端和其支索構成的角度來框住某顆特定的星星或天體。任何擁有一致性的參考點都可以使用。

太陽在黎明時分現身。對導航員來說，這一直是至關重要的過渡時段。在此時，他們要觀測大海與天空、判讀風向，並觀察風向對浪的影響。太陽的光線與陰影在海面上會升起移動，而奈諾亞的老師馬塢就用了十幾個名字區別這些路徑在海上的各種寬度與色彩。凡此種種，都讓他對即將來臨的一天有些了解。

雙身獨木舟的船尾是方形的，這讓導航員能夠輕易在日落與日出時調整成向東或向西。船身兩側的欄杆上各刻有八道標記，每道標記都會與船尾的一個點配成對，共有十六對，這十六對可往前往後各定出一個方位，總共三十二個方位，對應了觀星羅盤上三十二個方向的星宿。導航員白天時將船隻前後的海平線各分成十六個部分，以之為日出日落的方位基點。如此一來，白天時他或她也能仿照夜晚的觀星羅盤。這種做法暗指著雙身獨木舟就像根世界之軸，永遠不動，只是等著島嶼從海面冉冉升起，向她致意。

除了太陽與星星，還需認識大海本身。當雲霧遮蔽海平面，導航員就必須利用對海水的感覺引導船隻航行。他們必須能夠分辨浪潮究竟是由當地氣候系統所造成，或是因海平面遠方的壓力系統而形成。接下來，他們要知道這些浪潮與流經太平洋的深海洋流有何不同，知道何者他們可以輕易追蹤，就像陸地探險家可以輕易沿著一條河流走到河口。馬塢這樣的專家導航員獨自坐在黑暗中的獨木舟時，可以隨時察覺並區分五種流經船身的浪潮。地方性的波浪作用混亂而破碎，來自遠方的浪潮卻很一致、深沉且轟然起落，在海洋中可以從一個星宿流過一百八十度到對面的另一個星宿，因此可以指出時間及方位，作為引導船隻前進的工具。萬一獨木舟在半夜改變航道，導航員只要從浪潮的上下顛簸和搖晃便能知道。更驚人的是，導航員能夠讓島嶼從海中現身。像馬塢這類真正偉大的導航員，光是聆聽海浪拍打獨木舟船身的回聲，就能知道海平面的彼方有座環礁島。他們清楚太平洋中每列島群都有其獨特的波浪折射模式，也能夠像鑑識專家判讀指紋那樣輕易辨識箇中差異。

以上種種可謂不凡，每項技巧或直覺都是特定才華的展現。但當我們抽出、解構甚至頌揚這些特有的智慧與觀察天賦時，卻有管中窺豹的風險，因為玻里尼西亞人的導航才能憑的是見樹又見林，各項資訊會同時匯入尋路人的腦海中。舉例而言，他們會測量海浪泡沫、漂浮物或只是一些小泡泡穿過獨木舟兩端橫樑所需的時間來求得雙身獨木舟的航速。若是費時三秒，船速是八・五節；費時十五秒，船隻就是以一・五節的速度費力前進。

使用這種簡單計算來測量雙身獨木舟的航速是一回事，日以繼夜持續做這類計算，還得同時測量星星升出海平面的時間、風速與風向的變化、流經獨木舟的浪潮、雲、海浪等，就另當別論了。航海的科學與藝術是全面性的，導航員必須要在腦中處理源源不絕的資訊、直覺和見解，而這些能力都源於觀察，以及風、浪、雲、日月星辰、鳥的飛翔、海藻床、淺層珊瑚礁上的淡淡磷光等一切的律動與互動。簡言之，就是不斷變化的海洋與氣象世界。

更驚人的是，尋路人的所有科學其實都基於航位推算法。要知道自己身處何方，唯一的方法是精確掌握所經之處，還有你是如何到達現在的位置，也就是從上個已知據點離開後航行過的距離和方向。奈諾亞告訴我：「你不用仰頭看星星就知道自己在哪裡。你得記住你是從何處航行過來，知道自己來自何方。」

在發明精密計時器、解決經度問題之前，歐洲水手只能一直緊靠海岸線航行，而在整趟漫長的航程中，要追蹤速度、海流和方位的每個變動，也是不可能之事。但玻里尼西亞人卻做到了，而且無需借助文字。他們沒有航海日誌、筆記本或圖表，也沒有計速器、手錶或羅盤。整趟大海航程所需的點滴資料：風、海流、方向、距離、時間，包括取得這些資料的時間順序，都必須儲存在導航員一個人的腦海中。南北緯度可以靠星星確認，但經度不行。導航員若無法將所在位置連結到參照的航路，船隻就會迷航，因此卡伊烏拉尼就像所有尋路人一樣，在這整段短暫航程中都不曾入睡。導航員不眠不休。他們就像修道士，不受船員干擾，也無需承擔其他瑣事，就這麼獨自坐在船尾高處，全心追蹤。

馬塢曾告訴奈諾亞：「如果你讀懂了海，如果你能在心中看見島嶼，就永遠不會迷航。」

一九七六年，雙身獨木舟展開首次遠洋航程，在馬塢的指揮下，從夏威夷航行四千四百公里到大溪地。令人意外的是，當地有一萬六千多名歡欣雀躍的群眾到場相迎，這在法屬玻里尼西亞前所未見。當地殖民政府遠在十八世紀中葉便正式全面禁止傳統文化生活，包括島際遠程海洋貿易。雙身獨木舟讓一切起死回生，彷彿低語化成了風，適時出現在人們身邊。

一九九九年，玻里尼西亞航海協會從馬克薩斯群島橫越太平洋至奧特亞羅瓦，展開他們最具野心的旅程。有奈諾亞這位導航員，雙身獨木舟希望能試著航行至拉帕努伊。這是場野心勃勃的探險。夏威夷到復活島大約有一萬公里，但這趟航程會跨越赤道無風帶，然後再搶風以之字形航行兩千三百公里，因此實際上的總航程會逼近兩萬公里。整艘船上連指南針都沒有，卻要登上一座直徑二十三公里、在指南針上不超過一度的島嶼。為了減輕船上重量，食物和水的配給都減了一半，乾船塢裡就有一・八公噸從船上卸掉的東西，船員人數也是雙身獨木舟行駛以來最少的一次。此次路線是經馬克薩斯前往皮特康島（Pitcairn），然後調向南方搶風行駛，利用西風向東向北航行，直到距目的地的距離約略小於夏威夷群島的長度。接著他們會像畫格線般來回航行找尋該島嶼，同時得小心在順風行駛時不要駛過了頭，以免一路被西風吹往南美洲。

在他們接近目標之際，奈諾亞一度從打盹中驚醒，天色晦暗，海上起了霧，他不知道船隻駛到何方。他喪失海上求生所不可或缺的連續記憶與思考。他掩蓋自己的焦慮，不讓船員發現，就在絕望中他想起馬塢的話：**你能在心中看見島嶼的圖像嗎？**於是他冷靜了下來，恍然大悟原來他早已發現那座島嶼。那島嶼正是**雙身獨木舟**本身，在這艘神聖的獨木船上，他已經擁有各種所需之物。突然間，天空明亮起來，一道溫暖的光束照在他的肩上。雲團消散，他隨著那道光束直抵拉帕努伊島。

跟奈諾亞還有玻里尼西亞航海協會的船員一起航行，真是絕佳經驗。奈諾亞成了整個玻里尼西亞年輕世代的偶像及舉足輕重的文化人，一如奈諾亞視馬塢為導師或指引者。他在夏威夷受大眾愛戴的程度絕無僅有。這些島中瀰漫著一股堅定的信念，只要雙身獨木舟繼續航行，導航員的文化就會生生不息，而這也是奈諾亞窮盡一生要達成的任務。在他心中，雙身獨木舟是「神聖之舟」，也是「祖先太空船」。就我而言，這兩個字眼都相當恰當。的確，如果你留意一下那些讓人類登上月球的才能，再把這些才能對應到我們對海洋的了解上，你會看到玻里尼西亞人。

· · ·

玻里尼西亞的故事之所以吸引我，是因為它揭露了非常多至今仍能啟發我們的重要議題以及依舊糾纏著我們的錯誤觀念，像是貨真價實的探險所展現的絕對勇氣、人類適應力的卓越，還有征服和殖民所帶來的黑暗衝擊。這也提醒我們，要永遠質疑是否有人頑強把持學術正統，因為知識通常與權力掛勾，而所謂的解釋，通常只是便利某些人的表述。

如同我們在第一章所見，人類學是脫胎於一個演化模型，而在十九世紀亨利摩根和斯賓賽等人的想像中，社會便是進化線性發展的各個階段，按他們設想，就是從原始邁向文明。在他們的推斷中，每個人類發展階段都與特定的科技創新相關。火、陶器還有弓箭是原始的象徵。當動物馴化、農業興起、金屬器具發明之後，人類進入了野蠻人階段。讀寫能力則意味著文明。他們假設每個社會都會以同樣的順序經歷相同階段，因此一個民族若有精巧的技術，就會踏上演化成功的台階。所以玻里尼西亞人和英國人或許是同時代的人，但由於前者缺乏槍和大砲，也就意味著他們處於更早的演化關頭，而庫克船長帶領的水手則處於較後期也較先進的階段。

這種明顯過於簡化又充斥偏見的人類史詮釋，長久以來都被人類學家斥為十九世紀的偽知識，就如同我們現在根本難以苟同維多利亞時期神職人士堅稱地球年紀只有六千年，但這種說法顯然歷久不衰，甚至有些當代學者也深信不疑。最近一本加拿大書籍《脫去原住民產業外衣：在地文化保存的騙局》（*Disrobing the Abriginal Industry: The Deception Behind Indigenous Cultural Preservation*）

便奚落了原住民在歐洲人首次登陸美洲的時代便對世界有所貢獻的想法。作者寫道：「兩個互有接觸的民族竟有如此巨大的文化鴻溝，這在歷史上是前所未見。」他們還補充道：「這並不代表他們（原住民）很笨或較次等，人類都經歷過新石器文化的階段。」這裡的他們，指的是講著三千多種語言的數千萬人。先是大學教授口吐這般言論，大眾媒體再拿去證明「第一民族」今日的理想抱負只是場騙局，實在令人反感。

美洲給了歐洲菸草、馬鈴薯和番茄、玉米、花生、巧克力、胡椒、節瓜、鳳梨還有甘藷。用來治療瘧疾的奎寧正是來自新世界，肌肉鬆弛劑筒箭毒鹼則取自亞馬遜人弓箭上的毒液，古柯鹼是印加的植物，以「不朽的神聖之葉」聞名。這三種藥物深刻影響西方醫學，光是提煉出奎寧的金雞納樹就拯救了數以萬計的人命。歐洲儘管為美洲帶來小麥、大麥、燕麥、山羊、乳牛、非洲奴隸、鋼鐵等，卻也帶來了斑疹傷寒、瘧疾、痲疹、流感、天花和致命傳染病。在雙方接觸之後的一到兩個世代內，有九成美洲印第安人死去。

阿茲提克的首都特諾奇提特蘭和印加的黃金之城庫斯科城都讓早期的西班牙人歎為觀止。在所有當代的文件紀錄中，西班牙沒有任何一個地方能與此兩城相比。印加帝國的存在，是為了確保人民能免於貧困和飢餓，倉庫建築群沿著安地斯山脊分布，儲備有幾百噸的大量藜麥、玉米、酢漿草根、塊莖金蓮花，還有大量的脫水馬鈴薯粉，這是世界上第一種冷凍乾燥食物，由南美洲前哥倫布時期文明所種植的三千種馬鈴薯任挑數種混製而成。

相較之下，大征服⑨後四個世紀，倫敦成了歐洲世界中心，也是地球上最富裕、最有權勢的城市，但這個城市某一區的死亡率卻兩倍於另一區，每五名嬰兒就有一名在出生時夭折。根據英國陸軍的紀錄，窮人小孩的平均身高比富家子弟矮十五公分，體重輕五公斤。傑克．倫敦⑩在一九〇一年描寫這座偉大首都，當時倫敦正是最顯赫的時候，科技也傲視群倫，但他筆下的城市生活是窮人在醫院垃圾堆上爬，廢棄物堆得老高，「凌亂不堪的大盤子上有一塊塊的麵包、大坨的動物油脂和肥豬肉，烘烤過的關節和骨頭上有燒毀的表皮，總之，都是染上各種疾病的病人咬過、摸過的殘渣。這些人進入這團髒亂中，把手插進去，又挖又扒，翻來翻去，檢視一番後丟棄並搶奪食物。景象並不雅觀，慘況更勝豬群。但這些窮鬼就是餓昏了。」

在人類學的早期歷史中，某位學者發現有些主要的文化理論並不充分，因為提出這些理論的人從未從事田野，對人類發展的想法也明顯受偏見所扭曲。鮑亞士（Franz Boas）是物理學家，早愛因斯坦一個世代在德國深造。他的博士研究關注水的光學特性，而在整個調查過程中，他的研究深受感知問題所擾，但他後來卻對此入迷。在十九世紀這個學術研究最為兼容並蓄的時代，一個學術領域的調查會衍生另一個領域的調查。認識的本質是什麼？誰決定我們應該要知道什麼？鮑亞士萌發了興趣，開始探究那似乎很隨意的信仰和意念究竟是如何匯聚到這個被稱作「**文化**」的東西中。他率先將文化一詞視為一種組合原則、一個實用的知識起點。他遠遠走在時代前端，意識到每一個截然不同的社群、每一群因語言或適應傾向而顯得與眾不同的人，都是人類遺產中的一種獨特面向與前景。

鮑亞士成了現代文化人類學之父，率先以真正開放而中立的態度探尋人類的社會觀念是如何形成，研究不同社會的成員在觀看並解讀這個世界時是如何受到制約。他首先研究巴芬島的因紐特人，隨後推向加拿大西北的海岸線沿線。他堅持學生在學習及研究時必須使用當地的語言，同時盡可能全程參與研究對象的日常生活，盡一切努力去了解他人的觀點，去分析他們是如何理解世界，如果可能的話，還要知道他們想法的本質。當然，要做到這一些，就必須願意跳出偏見和成見的束縛。這種文化相對主義的概念是個不同凡響的發軔，其獨特性堪比物理界的愛因斯坦相對論。鮑亞士的每個主張都挑戰了學術正統，衝擊了歐洲人心。自此，人類學家

9・譯注：大征服（the Conquest），此處指的是一五一九年至一五二一年的西班牙征服墨西哥。
10・譯注：傑克．倫敦為十九世紀末、二十世紀初的美國作家，商業雜誌小說的先驅，一生寫了一百九十五則短篇小說。

不時被指控擁抱極端的相對主義，好像人類的任何行為只要存在，都應該受接納。事實上，所有認真的人類學家都不會主張放棄判斷力，他們只是呼籲先暫緩一下，好讓人類能在充分知情的情況下作出必須的道德判斷。

對鮑亞士來說，頓悟的那刻出現在一八八三年的冬天，那時他在巴芬島進行首次民族誌之旅。他的團隊被困在大風雪中，溫度降到攝氏零下四十六度。黑暗中，他們迷失了方向，在雪橇上負重奔走了二十六個小時，鮑亞士只能把命運交付給他的因紐特同伴及狗兒。最後他們找到了一個避難所，「又餓又凍」。鮑亞士慶幸自己活著，隔天早上他在日記上寫道：「我時常自問，我們良好的社會跟『野人』的社會比起來，究竟有何值得稱道之處？我越知道他們的習俗，越覺得我們沒有權利貶低他們，沒權利嘲笑那些在我們看來很荒謬的風俗與迷信。相較之下，我們這些受過高等教育的人其實差多了。」

鮑亞士建立了人類學研究的模型，而他的例子也啟發了那些想要繼續建立人類學現代訓練的人。人類學者的目標就是「了解原住民的觀點、原住民與生活的關係，理解他們的世界觀」。這些話原本可以由鮑亞士說出，事實上卻在四十年後由馬凌諾斯基（Bronislaw Malinowski）寫出。馬凌諾斯基是波蘭貴族，任教於倫敦政經學院，確實將民族誌的田野調查帶入更高的層次。在那個經濟學理論跟馬克斯或亞當斯密脫不了關係的時代，馬凌諾斯基顛覆了一切，並挑戰傳統的想法，包括財富的本質、交易的目的和意義等，甚至揭露了如此巨大而複雜的當代海洋貿易網絡的內部動能，提供了線索說明推動太平洋開拓的力量。

馬凌諾斯基因第一次世界大戰爆發而受困美拉尼西亞，在特羅布里安群島待了兩年。這是片平坦的珊瑚礁群島，位於巴布亞新幾內亞西北方約兩百五十公里處。當地居民在當時約有一萬人，套句他的話，都很「歡樂、健談而隨和」，並擁有藝術天分，「在文化上成為美拉尼西亞部族中的佼佼者」。馬凌諾斯基是天生的語言學家，很快就精通他們的語言並開始工作，也迅速觀察出該文化大致的模樣。

該族住在村落裡，大部分仰仗自己的田園過活，主要作物是甘藷。甘藷的培育跟收成決定了該年社會和祭祀周期的消長。這是母系社會，有四個公認的部族，以鳥、動物和植物為圖騰。島群分為幾個政治體，由男性領袖掌政。儘管衝突頗為頻繁，但戰爭有精確的規則，戰鬥大多也只是戲劇性地展示長矛和盾牌。

男女異常平等，這讓馬凌諾斯基印象深刻。女人有很大的影響力，透過勞動掌握經濟要素，同時也有一套屬於她們的巫術形式，但與色誘無關，儘管就馬凌諾斯基看來，當地人似乎沉溺於性愛。特羅布里安群島少女所享有的自由讓他非常震驚，以他的出身，這也是理所當然。在婚前，大家似乎百無禁忌。不過一旦正式結婚，就得謹守忠誠。通姦會受嚴厲懲處。馬凌諾斯基將島上時光寫成兩本書，並在其中一本詳盡思索這一切，不過我們關心的是另一本：《南海舡人》（*Argonauts of the Western Pacific*），因為這本敘說了大海的故事。

馬凌諾斯基乘著小船抵達特羅布里安群島。他出生於克拉科夫這座波蘭內陸城市，對他來說，穿過凶猛急流與大海的旅程，絕對令人刻骨銘心。他想要了解當地人在重重阻隔下，究竟要如何維持社交連繫。儘管特羅布里安群島居民幾乎全仰賴土地維生，卻依然發展出海上貿易。然而，馬凌諾斯基覺得光從表面上來看，他們所生產的東西還真沒有一件值得冒險出海。但很快他就了解這件事無關實用。當地的交易體系很古怪，風險高又能獲得巨大聲望，運送的卻不是什麼有明顯價值的東西。但後來他發現，特羅布里安群島只是貿易網絡中的眾多據點之一。該網絡連結海上數千平方公里內的眾多部族，這些人三五成群地住在珊瑚礁上，或散布在海底山脈冒出水面的小丘上。

所謂的庫拉圈是一套均衡互惠的體系，以兩種物品進行儀式性的交換。物品之一是用紅海菊蛤離成貝片再串成的項鍊，人稱「蘇拉瓦」（*soulava*）；另一種是用錐形白貝殼做成的臂鐲，名為「母瓦利」（*mwali*）。兩者完全是象徵性的物品，本身不具實用價值。然而至少五百年來，男人都隨時等著要冒生命危險，帶著這些寶物橫跨數千公里的大海。項鍊經年以順時鐘的方向移動，而臂鐲則以逆時針的方向前進。每個從事該貿易的人至少都有兩名夥伴，彼此的關係將如同婚姻般持續終生，甚至傳給下一代。航行者會將一條項鍊送給同伴，以交換等值的臂鐲，再將臂鐲傳給另一個同伴，然後又會收到一條項鍊。每回接觸，他都有第二個同伴在另一座島上，也就因此形成一條不中斷的分送鏈。這些交換並非都是立刻發生。如果有人拿到價值相當高的物品，雖然終究要設法傳遞下去，但他可能會先好好享受一下這件物品帶來的威望。一件物品在庫拉圈中的旅程可能要二十年才能完成，然後再繼續下一趟旅程。每一趟航行、每個艱險和令人讚歎的故事、巫術和風，還有所有曾經陪伴過該物品的人的名聲，這一切都會提升物品的價值。所以說，神聖的物品會不斷移動，在諸島嶼的社交界和巫術圈內持續流轉。

馬凌諾斯基領會並寫下庫拉圈的功能：使相距遙遠、語言相異的島民建立關係，也讓實用物品來回移動，例如顏料和染料、石斧、黑曜石、陶器、磨亮的祭典石、織品和某些食物。庫拉圈也提供環境讓人們展示聲望與地位，這兩者是世襲酋長的權威基礎。酋長的名字往往會和最有價值的臂鐲和項鍊相連，這也讓他們得以組織並領導航行。航行的準備工作非常嚴格，同時所費不貲。相隔極遠的各村落必須攜手合作，田園中只能耕種籌備期間所需的食物。要避開禁忌，要進行儀式性的巫術，要慶祝節日，也要保護並儲存補給品。建立獨木舟船隊，以露兜樹葉編織新帆，為懸臂樑擦亮上漆，雕刻船槳，以清洗與賜予力量的儀式為華麗的船頭驅趕邪靈，包括巨大的海中怪獸、活岩石、住在深海裡專吃遇難船員的巫婆。幾個月過去了，興奮感與日俱增。如同馬凌諾斯基那優雅精鍊的書名，這些航海員果真如同阿爾戈號[11]一樣，在冒險的刺激感驅使下、在大海誘惑之音的召喚下，駛向未知的前方，追尋榮耀與光彩，但不確定自己是否能再見到家鄉和親人。「每次都能乘著當地的獨木舟航行實在太棒了。你會有一種搭乘船筏的感覺，非常貼近水面，彷彿隨著魔法漂浮。」馬凌諾斯基在給他妻子的信中如此寫道。

・・・

幾年前我有幸航行越過特羅布里安群島。航程始於斐濟，在進入巴布亞新幾內亞海域之前，行經萬那杜和所羅門群島。最終我們繞完了庫拉圈的大部分範圍，從東向西移動，經過伍德拉克島再到馬凌諾斯基的根據地基塔瓦島（Kitava）和克里維那島（Kiriwina），接著再往南至第伯恩（Deboyne）島群，彷若一條蘇拉瓦項鍊以逆時針方向移動，最終駛往莫爾斯比[12]港（Port Morseby）。跟馬凌諾斯基不同的是，我們是在無比舒適的遠征船上航行，配有小型船隊，只要天氣和海流允許，我們幾乎能在任何海灘登陸。我最難忘的地方是樂弗林島群（Laughlin group）中的波達露娜島（Bodaluna），在那裡我們首次接觸到庫拉圈。我們從日出之處而來，橫越幾百公里的所羅門海廣袤海洋，而對特羅布里安群島的人而言，波達露娜這座位在庫拉圈極東的珊瑚環礁小島已是世界的盡頭。

在我到過的地方中，最遙遠孤絕的就數波達露娜。珊瑚礁邊只有一小片沙灘，島上沒有任何地方高於海平面一公尺，只有一些零散的椰子樹和雞蛋花樹能勉強遮擋颱風。島上居民大概有二十戶，食物都來自鋪有磨碎珊瑚沙的小庭園、礁岩及大海。大蚌殼散落在沙灘上，漁網沿著海岸曝曬。房子結構簡單，大多以棕櫚木為骨架，屋頂是椰子殼。孩子有古銅色的皮膚，全都戴著紅白相間的貝殼項鍊，也在髮際別上香味濃郁的白花。

我沿著海岸線走，赫然發現海灘上有一艘庫拉獨木舟，用椰子葉保護著，似乎已在那裡待了一段時間。將船身尾端包覆起來的精刻擋浪板、擋浪板下方裝飾用的分波片（*tabuya*）都被陽光

11．譯注：阿爾戈號（Argonauts），希臘神話故事中，阿爾戈英雄是一群出現在特洛伊戰爭之前的戰士，他們乘著阿爾戈號，踏上尋找金羊毛的征途。

12．譯注：巴布亞新幾內亞首都。

漂成灰白色，只殘留著破碎白漆。我的手指遊走在淺淺的刻痕上，那些神奇智慧和遨遊精神的記號，全都隨著曝曬褪了色。這絕對是瑪沙瓦（*masawa*）獨木舟，為了在庫拉圈行駛而特意建造。讓我驚訝的是獨木舟竟然這麼小，寬度不超過兩公尺，長度則與雙身獨木舟甲板的寬度差不多。船身以樹脂填塞，塗上焦黑椰子殼和香蕉油製成的黑漆，一根短短的船桅以纖維繩索固定。這艘船就這樣躺在沙灘上，突兀一如它在水上的樣子，微微傾斜，好讓穩定船身的舷外浮桿能夠剛好掠過海面。這艘船不是設計來乘風破浪，一入了水就無法轉向，遑論搶風航行。事實上，這艘船是建造來航行在點對點的順風航線上，就像單一射道上的箭。撇開其他不談，庫拉至少代表了執著。

一場暴風雨正往東邊擴大，光線隱入雲層中，無垠的大海陷入黑暗，同一時間，西邊的太陽在沙灘上投下一抹陰影，並倏忽照亮近岸的青綠色海面。礁岸外海的少年發現風暴將近，立刻划往岸上。我看著他們，試著想像坐在這座小島上，突然看到海平線上出現一支獨木舟船隊，有多達八十艘的庫拉全塗上明亮的漆，裝飾著貝殼、羽毛和花串。狹窄的船上載著五百人，他們可能花了好幾個小時為自己塗上椰子油，在髮間戴上木槿花，然後進行祕密儀式，念起咒語，以誘使島居民放棄他們的庫拉寶物，確保這場遠征能夠滿載而歸。所有島民都聚集在海灘上，帶著偽裝的敵意，等待來訪船隊領袖的召喚。這位領袖還未上岸便開始大聲疾呼，希望島民慷慨接待，以確保所收到的禮物會跟自己花了極大風險和費用、大老遠帶來的東西等值。接著海灘上齊聲吹出海螺號角，表示島民同意盡自己的義務，接著島上所有重要人士扛起了禮物，走進浪濤中。唯有等到交易完成，來訪的人才會離船上岸。

他們會待多久則取決於風，時間並沒有太大意義。另外，決定財富的也不是所有權，而是一個人以其慷慨餽贈而獲得的聲望與地位，而這人也因此衛護了一個社會網絡、一種人類文化資產、一座放滿儀式性債務和義務的寶庫，讓氏族或家族永遠從這座寶庫中獲利。

我們努力在珊瑚群中徒手開出狹窄海道駛離之時，我聽到一個令人又驚又喜的故事。那艘我欣賞不已的庫拉獨木舟屬於一群被風困住的人，他們一困就是四個多月，正在等待時機揚帆返家。在這段期間，他們默默打進這座珊瑚環礁小島的生活圈。假使我們的船要往回走，他們會向某個船員提出請求，或許我們就可以載他們一程。他們要往東走，而我們則向西行。雖然，我們的船會折返，但要等上好一段時間，他們的回應是他們可以等六個月沒問題。雖然我認為海爾達並不是這麼想，但這件事或許讓我們更清楚看到人類開拓無垠大海的勇氣與耐心。

Anaconda

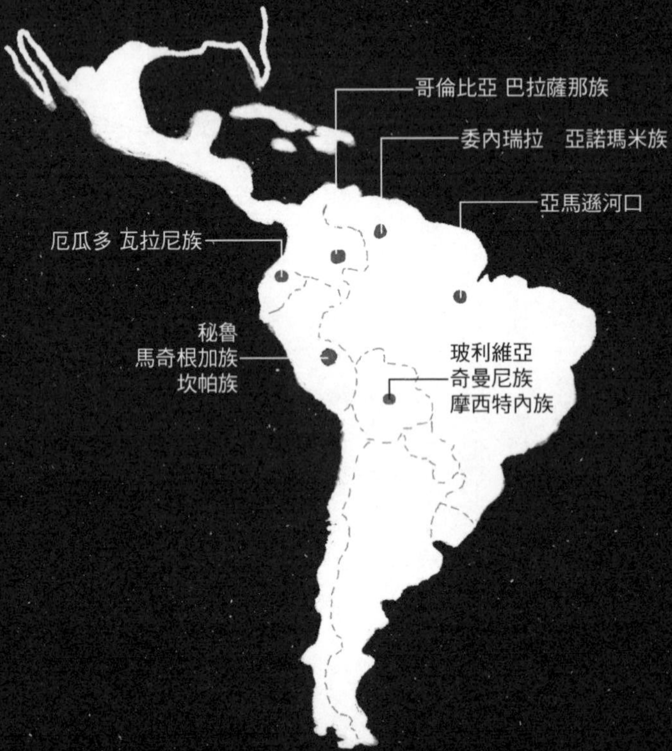
哥倫比亞 巴拉薩那族
委內瑞拉　亞諾瑪米族
亞馬遜河口
厄瓜多 瓦拉尼族
秘魯
馬奇根加族
坎帕族
玻利維亞
奇曼尼族
摩西特內族

巨蟒之族

Peoples of th

「在西方，時間猶如黃金，你儲存，你失去，你浪費，你擁有得不夠。
在巴拉薩那語中，
並無時間一詞。」

——史帝芬・休瓊斯（Stephen Hugh-Jones）

In the West, time is like gold. You save it, you lose it, you waste it, or you don't have enough of it. In the Barasana language there is no word for time. — Stephen Hugh-Jones

讓我們用一個故事開始第三場的梅西公民講座。故事發生在西班牙征服的那段晦暗日子裡。一五四一年二月，印加帝國的征服者法蘭西斯科・皮札羅（Francisco Pizarro）同父異母的兄弟龔薩羅・皮札羅（Gonzalo Pizarro）開始一場橫越安地斯山脈的旅程，尋找黃金國與肉桂之地。他帶著兩百二十名士兵、四千名當地挑夫，還有兩千頭食用豬離開基多①。遠征隊攀過山頂，開始漫長緩慢的下坡路，穿越雲霧森林裡糾結的藤蔓和低矮的樹木，抵達熱帶低地。黑色寬吻鱷魚棲身的河岸在入夜後閃閃發亮。他們抵達此處時，早已吃光豬隻和馬群，大多數印第安奴隸和一百四十名西班牙人也命喪黃泉。倖存者淪落到燉煮皮革與野草為食，在荒野中尋覓根莖和莓果果腹，也有一些人因中毒而精神錯亂。龔薩羅在絕望中派出副官奧雷亞納（Francisco de

Orellana）帶著四十九人沿著高山叢林裡的支流而下，找尋糧食和脫困之道。這群人中有位穿著白長袍的道明會修士卡發耶（Gaspar de Carvajal），他記下這段驚人的旅程。

當他們抵達納波河（這不過是亞馬遜河一千一百條主要支流的其中一條）時，奧雷亞納的手下叛變了。他們苦不堪言，拒絕遵從原本的號令折返上游。水流過於湍急，怎樣都找不到食物。奧雷亞納在一串法律形式（西班牙征服者在這方面頗負盛名）及卡發耶的見證中正式辭去職務，表示他能接受這群泥濘襤褸的生還者以鼓掌通過的方式選出新指揮官。之後，奧雷亞納棄龔薩羅於不顧，於一五四一年聖誕節翌日與一夥人動身前往未知之境，搭上樹木和死馬的蹄釘匆促打造而成的船，順著納波河的激流而下。

他們飽受陽光曝曬之苦，夜晚還有吼猴的嚎叫、青蛙和蟬隻令人迷亂的嗡嗡聲響，以及美洲豹冷不防的吠叫煩擾，數日後抵達納波河與烏卡亞利河的交會處，即秘魯境內的亞馬遜河上游。他們發現河岸上有一整排印第安聚落，聚落與聚落間以鼓聲互通聲息，確保流域中的每段

1．譯注：基多（Quito），古印加帝國的政經、文化中心，僅次於首都庫斯科城的第二大城市。

轉彎處都能隨時備戰迎敵。三名西班牙人立刻成了箭靶，死於悄悄從林中射出的毒液飛標之下。卡發耶自己也被射瞎了一隻眼。幸好箭上無毒，否則我們無緣得見這段歷史。他在日記上寫下那些患者疾病纏身的痛苦，奄奄一息的病體充斥著寄生蟲，腸道因缺乏食物而扭曲。這無疑是殘忍的折磨，因為每走一公里，就有越多富庶繁榮的原住民村落，以及富饒的田野、大量健美的居民，還有明顯很精緻的文化。經過九天共幾百公里的跋涉，這群西班牙人進入歐馬果人的土地，驚訝地發現沿著河岸竟是村村相連，綿延約三百二十公里。依照卡發耶所言，村莊之間的距離不超過十字弓的射程，一整片密集的茅草屋構成一個社群，延伸約二十五公里長。

六個月後，奧雷亞納一行人通過尼格羅河河口。這條亞馬遜河的支流比密西西比河大上四倍，如果出現在其他大陸，就會是世上第二大河。森林、河流和天空的規模讓他們目眩神馳。他們再往下游航行兩天，在雅夢達河岸遇到一些印第安人，他們自稱是某個凶猛女戰士部族的屬民。這支女性部族是文明的異數，住在遠方河流發源地的鹽湖邊，村落以石頭砌成。她們騎駱駝，穿戴最好的織物，敬拜太陽神，神殿裡陳列著金剛鸚鵡羽毛和鸚鵡羽飾。她們會捕捉男人，目的純為繁衍生育，一生下男嬰便立刻殺掉。按照卡發耶所言，兩個星期後探險隊進入了亞馬遜女戰士的國度，與女酋長率領的印第安戰士對戰。她們全身赤裸、高大白皙、繫著辮子的長髮盤在頭上，人人都能以一敵十。西班牙人在數名同伴陣亡之後落荒而逃，所駕的雙桅帆船被射成箭靶。

西班牙人發現下游的聚落一座比一座精緻。在塔巴赫斯河靠近巴西現代城市聖塔倫一帶，探險隊遇到兩百艘作戰獨木舟，每艘船上乘載三十人，全穿戴著漂亮的羽毛斗篷及陽光般閃耀的冠冕，全副盛裝。河邊幾百公里密布著房屋田園，幾千名居民警惕地站在岸邊。照卡發耶所寫，海岸稍遠處有跡象顯示可能有「龐大城市」。

一五四二年八月二十四日，從納波河啟程後八個月，走出基多山區的冷冽空氣後一年半，奧雷亞納那支衣不蔽體的隊伍已經因飢餓而過於虛弱，無法划船。他們最後成功得救，抵達了大海，但一想起這條把他們一路載來的驚人河流仍心有餘悸。在三角洲中，有些島嶼就跟一些歐洲國家一樣大，河岸可相隔三百公里遠。探險隊就這麼一路艱難緩慢地駛向大海，河岸都在幾公里外，從船上已看不到陸地，水也還可以勉強飲用。

回到秘魯後，卡發耶完成他的日記。但這部描述冒險和發現的傑出巨著卻幾乎立刻淪為笑柄，甚至連他的修士同儕也直斥為一派胡言。問題出在女戰士的故事過於荒誕，評論家認為那純屬虛構，因為與希臘神話及希羅多德的描述太過相近。「亞馬遜」（*Amazon*）一詞源自

「*a-madzon*」，意思是沒有胸部，長久以來一直被認為跟某個傳說中的女戰士國度有關。據說她們住在地中海外的某個未知之地，會割掉自己的右乳房，以便在戰鬥中使用弓箭。這些女戰士以驍勇善戰聞名，海克力斯的第九項苦差就是拿下女王的腰帶。在新世界的野蠻中心發現這樣的女人，這個說法本身就令人難以置信，尤其卡發耶並非第一位宣稱遇到她們的人，即便這次是在一個新地點。

哥倫布在尋找印度航線的證據時，想起了馬可波羅在中國海發現的女人島，因此向伊莎貝拉女王描述了一座沒有男人的女人島，她們身著銅甲，將食人魔當作親密愛人。韋斯普奇[2]在加勒比海馬提尼克島發現專吃男性的女人。柯蒂斯派表親法蘭西斯科在墨西哥北方沿岸調查女性國度的說法，傳說中這塊地是由黑人女王柯麗菲亞（Califia）統治，這也是加州（California）這個地名的由來。女戰士國度其實跟黃金國及青春之泉一樣，一直都是探險家的目標。一段時間後，想像力豐富的美洲印第安人改編了這些歐洲神話，因為過去的殘酷經驗告訴他們，他們最好跟這些白人隨便說些他們想聽的話。於是女戰士的故事以新穎而生動的形式傳回舊世界，由於聽起來相當真實，神話成了歷史。查理五世國王對此特別著迷，也正因為他，本來一直被稱作「甘甜或清水之海」（the Mar Dulce）的河流有了新的名字「亞馬遜河」（Río Amazonas）。但西班牙歷史學家戈馬拉（Francisco López de Gómara）這樣的懷疑論者早在一五五二年就寫道

他依舊不相信卡發耶，並駁斥那整套敘述只是在聳人聽聞，且試圖掩蓋奧雷亞納背叛、遺棄了指揮官，又沒能在這趟探險中發現黃金或肉桂，或替西班牙王國找到任何有價值的東西。卡發耶的《見聞錄》（*Relación*）一書記錄了歐洲人如何首次沿著世界最大河而下，卻淹沒在宮廷的耳語和陰謀論中，為歷史所忽略，一直要到一八九五年方獲出版。諷刺的是，這位修士若不提及亞馬遜女人，他這本不凡的日記或許早就聲名遠揚，因為他無疑確實見證並忠實地記錄下一切。就算是今日的人類學家和考古學家，讀過這些觀察後也會有所啟發。美洲大發現時期的亞馬遜並不是空洞的森林，而是文明的主動脈，成千上萬（實際上是數百萬）人類的家園。

・・・

這條怎麼描述都不嫌誇大的河流也招來了陳腔濫調。畢竟亞馬遜是世上最大的單一熱帶陸生動植物區，雨林有整個美國本土那麼大，豐富的生物資源可以覆滿整顆月球的表面。康拉德認為與其說亞馬遜是叢林，不如說像遠古的幫派，是古時大片植被群起暴動、占領世界的遺跡。一九三〇年代，方濟會修士皮內爾（Gaspar de Pinell）在哥倫比亞普圖馬約河的低地遊歷，他描述自己所逗留的地方是：「草木及陰鬱青苔覆蓋了高聳的樹木，彷彿建造了一座哀悽墓室，旅

2・譯注：十五、十六世紀的一位義大利商人兼航海探險家，美洲（America）一詞便是源於他的名稱。

人恍如行走在鬼魅和女巫的隧道內。」這就是「綠色地獄」亞馬遜，一九三五年倫敦有本頗受歡迎的遊記，用的便是此一書名。場景位於玻利維亞的低地，也可以是亞馬遜流域的任何地方。作者出現在卷首上，因烈陽而眼盲，因赤焰而灼身，因森林那陰森怪異的寂靜而顫慄，「惱人的螫刺、因缺水而乾裂的喉嚨和嘴唇，還有令人不快的熱帶雨」都讓人極度痛苦。

一九七〇年代我成為植物學系的學生時，過時已久的**叢林**一詞成了伊甸園的代稱。當然這是脆弱的伊甸園，就像我在首批發表的文章中所寫：「這是生命的寶庫，但遠比表面所呈現的還要脆弱。事實上，許多生態學家稱熱帶雨林為偽天堂，問題就出在土壤。大多數區域根本就沒有泥土。所謂雨林，實際上是建在沙地上的城堡，頭面住著浩瀚豐富的生物。」這個論調相對大膽，但本身也帶著某種老套，一如「綠色監獄」的概念，而且在我進研究所時已經成為新興生物保護運動的箴言。其科學啟發來自某位苔蘚學家的經典研究，即理查茲（Paul Richards），他於一九五二年首次出版的《熱帶雨林》影響深遠。

理查茲指出，森林以兩個主要策略保存生態系統的養分藏量。溫帶地區因四季分明，累積了豐沛的有機肥料，土壤本身就藏有大量生物資源。相反的，熱帶地區長年濕度高，年均溫也在攝氏二十七度左右，樹葉一落到森林地面，細菌和微生物會立刻分解相關物質。九十％的樹根都長在地面下十公分之內，必要的養分也會立刻被表面植被吸收。在這座活的森林裡有數千種交互作用、相互依賴的有機體，正是這種極端的複雜造就了森林豐足的生態系。

但這層罩篷一遭移除，便會啟動毀滅的連鎖反應。溫度劇烈上升，相對溼度下降，蒸發率陡降，原本生長在林裡樹根間以強化養分吸收能力的菌根叢也開始脫水死亡。森林缺乏植被保護，豪雨便會造成破壞，並進一步導致養分流失，土壤也會發生化學變化。我憂心地提出警告：「在亞馬遜的某些砍伐區，氧化鐵沉澱在沖刷過而暴露出來的土壤上，形成數層厚厚的淤積紅土，這層如岩石般堅硬的紅土鋪面，連一根雜草都長不出來。」

這聽起來可以讓我們了解熱帶雨林的基本動態，但若要大規模套用到亞馬遜這類巨大的區域，就顯得像口號而非科學。其一，這種說法暗示亞馬遜流域是一致的生態系統，而過去五十年來的田野研究已經揭露這個看法過於簡化。亞馬遜的三分之一是草原，有一半可能是丘陵森林，但不僅動植物有驚人的多樣性，地形和土壤也不遑多讓。單純的理論不盡然適用於這個比安大略省大七倍的廣闊陸地。然而，我們之所以關注亞馬遜的脆弱性，原因有二。第一，這是環境議題，各地民眾對亞馬遜沙漠化的速度都有相當合理的憂慮。沙漠化問題大多發生在巴西，主要是南方農業邊陲區擴張所致。第二點跟這個故事比較有關：有人說森林環境相對沒那麼重要，這剛好符合西方人對亞馬遜原住民生存意義的成見。

一七四三年，法國探險家暨地理學家康達明（Charles-Marie de la Condamine）帶領首批科學探險隊在亞馬遜河遊歷。康達明在民族植物學上的發現相當傑出。他率先指出奎寧能夠治療瘧疾，率先描述橡膠，也檢驗出箭毒的植物來源，宣布巴巴斯可的存在，而這種殺魚用毒素還能製造出魚藤酮，一種天然降解的殺蟲劑。印第安人把這一切非凡植物介紹給康達明，但他對森林人種的鄙視卻也到了無以復加的地步，他說：「在把他們變成基督徒之前，得先讓他們變成人。」在他眼中，印第安人是成長凍結的小孩，被困在這座他崇敬卻終究一無所知的森林中。

一九五〇年代，人類學家大量進入亞馬遜，當時只有流域邊緣的遙遠上游還有倖存的原住民文化。歐洲人在河流主幹及其他主要支流的下游殖民已超過四百年。的確，一個獨特的世界已然出現。在河邊務農的卡波克洛斯族（*caboclos*）血統多元，但族人賴以維生的一切都來自原住民祖先及適應環境的能力。然而，亞馬遜氾濫平原上最初始的居民，現今也只留存於沙之影與林中的低語中。

人類學家（尤其是民族誌的作者）自然就會注意到現存所謂「真正的」印第安人。這類社會大多沿著安地斯山脈東側的寬廣山弧居住。這道山弧延伸到亞馬遜流域的邊緣地帶，從南邊的玻利維亞到北方的哥倫比亞，然後跨過委內瑞拉南邊、奧里諾科河的上游和法屬圭亞那地盾的南側。安地斯山脈是恐怖的屏障，在二戰之前從來沒有道路從西側橫越山頭。許多我所知道的文化，像是玻利維亞的奇曼尼族（Chimane）和摩西特內族（Mosetene），秘魯山中的馬奇根加族（Machiguenga）和坎帕族（Campa），厄瓜多低地上的科芬族（Cofán）、西歐那——席科亞（Siona-Secoya）和初爾族（Shuar），委內瑞拉的亞諾瑪米族（Yanomami）等，在一九六〇年代之前從不曾與外界持續接觸。一九八一年，我與瓦拉尼族（Waorani）同住，儘管他們的家園距離厄瓜多首都基多不過一百五十公里，卻一直要到一九五八年才開始與外界和平交流，而那時基多已被殖民四百多年。一九五七年，有五位傳教士試圖接觸瓦拉尼人，卻犯下嚴重錯誤。他們比著友善的手勢拍下八×十吋的亮面黑白照，從空中丟下，卻忘記這些森林中人一生中從未看過二維的東西。瓦拉尼人從林地中撿起這些印刷品，往臉部的後方瞧，試圖找到人影，卻什麼也沒看到，於是他們下了結論：這些照片是邪靈的召喚卡。當傳教士抵達後，族人立刻用長矛將他們刺死。順帶一提，瓦拉尼人認為所有外人都是食人族，但他們的長矛不止刺向外人，也刺向自己人。該族在八代內有整整五十四%的族人死於部落內的長矛突襲。

從過去到現在，瓦拉尼族一直是傑出的民族，也在許多層面譜出獨一無二的歷史，但同時他們也跟許多邊際社會一樣符合基本模式。「邊際」二字指的是他們居住在流域的邊緣地帶。這些文化的人數多半不多，沒有社會階級或明顯的專門分工，通常缺乏首領，沒有明確的政治領袖。另外，最特別的也許是族內通婚。他們婚後各自獨居，而且經常與鄰居公開衝突。他們當然也有超凡的天分。瓦拉尼族獵人在森林裡能夠聞到四十步外的動物尿味，並且辨認出是何種動物。他們累積代代相傳的實證觀察和試驗，熟習大量處理植物的技巧。瓦拉尼人利用植物毒液漁獵，也製造迷幻劑諸如死藤水，這顯示他們擁有超乎科學解釋或理解的奇妙才能。儘管土壤養分貧乏，他們為了在森林中活下去，也設法用刀耕火種的農作法讓食物生長。他們放火燒掉一小塊森林，砍出耕地，種植作物並收成。收成會日益減少，或許過了三年他們就會捨棄這塊地，使耕地變回森林。這些活動與人口密度密切相關。人口太多，耕地會來不及長回植被，造成地力枯竭及環境負載力飽和。

這個文化情境在相當程度上成了人類學家的濾鏡，讓他們更能理解亞馬遜原住民生活。這些社會總是囿於環境及本身的種種限制，過著朝不保夕的生活。一九七一年，美國史密森尼學會備受尊重的考古學家梅格斯（Betty Meggers）出版了《亞馬遜：偽天堂裡的人類與文化》（*Amazonia: Man and Culture in a Counterfeit Paradise*）一書，幾乎成為每堂南美洲人類學入門課程的指定用書。梅格斯指出，這些文化都是一個個小型的狩獵採集社會，數世紀以來幾乎不曾改變，沒有一個能負荷千人以上的人口——這個數字是出於她的獨斷認定。她認為河流下游的氾濫平原可能有更多人口，這的確與卡發耶的描述一致，但缺乏明確證據，而且河流主幹沿岸所有的「原住民文化在被發現後全撐不過一百五十年」。

但真是這樣嗎？在亞馬遜保存考古遺跡的棘手程度其實一直不下於玻里尼西亞，不過一九八〇年代之後的新技術卻揭開意料外的世界。當考古學家，特別是羅斯福（Anna Roosevelt）在亞馬遜河三角洲的馬拉若島上工作時，發現了證據證明島上有複雜的文化。這數千平方公里的土地一直有人居住，可能有十萬人之多，歷時千年以上。在尼格羅河和亞馬遜河交會處的城市瑪瑙斯附近，有大量可回溯到公元一千年的土墓塚，證明當時這塊土地上的人已經會利用一百三十八種作物，多數是果樹和棕櫚樹。於此同時，植物學家和生態學家也遍查亞馬遜流域令人好奇的特殊現象：一片片大型孤立的黑土（terra preta），說明人們事實上曾定居於此，並用木炭保存養分，以有機廢料為堆肥，積極加強土地的農耕潛力。美國杜蘭大學的民族植物學家柏利（William Balée）表示，原住民用黑土滋養的亞馬遜丘陵森林可能有整體面積的十分之一，約等於法國。

這些觀察挑戰了傳統的假設，其他學者開始質疑刀耕火種農作法的起源與影響。瓦拉尼族在與歐洲人首度接觸時，依然保有石頭工具。而我，身為當過伐木工的植物學家，在和他們住在一起時就常好奇這樣的石器究竟要如何砍倒熱帶硬木？我用現代斧頭都幾乎砍不倒。人類學家卡內羅（Robert Carneiro）也思考過這個問題，並且決定做個實驗，結果是用石斧砍下一棵一公尺的樹需耗費一百一十五小時，也就是一天砍八小時，得連續砍三週；清出半公頃的土地則要每天工作八小時，共一百五十三天。據梅格斯和其他權威學者所言，一塊地只能密集耕作三年，再考量一個人還要做其他事，像是狩獵、捕魚、舉行宗教儀式等，花費這麼多精力卻僅有一點點回饋，可以說是完全不實際且不適當。相較於砍伐、燃燒、種植、收割，然後移往下個地點，人們可能更想定居。確實如地理學家德尼文（William Denevan）所寫：「印第安人採用輪耕或稱刀耕火種的古老作法，讓人類與大自然永遠保持平衡，此一說法完全是個迷思。」亞馬遜的刀耕火種農作法可能是比較晚進的發展，在與外界接觸並引進鋼鐵器具之後才有可能出現，並逐漸成為流域邊緣地帶的農業技術，因為他們人數稀少，土地卻龐大到能夠彌補近乎荒唐的低落效率。但對於亞馬遜河沿岸人口密集的文化而言，這顯然並非維生的基礎。

今日的人類學家體認到，與邊際社會接觸的經驗長久以來都會影響我們對古老世界的理解，而這些邊際社會都經歷過大屠殺浩劫。透過這種方式認識這片流域的史前歷史，其實更像是在倫敦被核彈夷為平地後，我們試圖從赫布里底群島[3]的觀點重建大英帝國史。雙方接觸後的一個世紀內，疾病和蓄奴制度奪走數百萬原住民的生命，然而不可思議的是，今日在亞馬遜的某個地方還能感受並聽見這些偉大文明的律動，那來自一支卓絕的文化複合體，我們統稱為「巨蟒之族」。

・・・

一九七五年，我首次遊歷哥倫比亞境內的亞馬遜西北部，途中停留在比亞維森西奧城，一座依偎著安地斯山脈東方山丘的小城市，去拜訪傳奇的自然科學家梅達姆（Federico Medem）。梅達姆是拉脫維亞的伯爵，從俄國大革命中逃出後，在熱帶低地的森林重獲新生。他是我大學恩師舒茲教授（Richard Evans Schultes）的老朋友，也是植物探勘家，一九三八年在墨西哥發現神奇蘑菇，因此點燃了嗑藥的迷幻風潮。之後他在亞馬遜最偏遠的地帶待了十二年。當晚我在他的住處碰到他，那是棟凌亂的複合建築物，看起來像是老橡膠貿易商的營房宿舍。屋子有木製地板及錫片屋頂，開放式的走廊掛著些吊床，牆面用美洲豹及毒蛇的皮裝飾。他時而撫玩手工藝品，或讓手指游移在百年前手繪的褪色地圖上，天花板上的吊扇在書桌上投下微微陰影。他最有價值的收藏品是一條薩滿的項鍊：一條棕櫚纖維的繩子串著十五・四公分的剔透石英。他

3・譯注：由位於蘇格蘭西部大西洋中的眾多島嶼組成。

表示項鍊是太陽神的陰莖和結晶的精液，散發的三十種色彩全是神聖儀式中各種相互平衡的能量。這條項鍊也是薩滿之家，當薩滿服下「亞赫」（yagé）或稱為死藤水的迷幻藥水後，便會進入項鍊裡，放眼觀望世界，看看他子民的土地及聖地，森林、瀑布、山崖峭壁和黑水河等，他以動物的方式不斷地看。

當晚梅達姆就寢後，我在他的辦公室一直待到很晚，看著他推薦的書《亞馬遜的宇宙》（*Amazonian Cosmos*）。作者是哥倫比亞最頂尖的人類學家賴歇爾多爾馬托夫（Gerardo Reichel-Dolmatoff），他也是舒茲的至交及同事。賴歇爾讓我知道河流的重要性。對沃佩斯流域的印第安人來說，河流不止是溝通的管道，更是地球的血脈、生者與死者的連結、祖先自創世以來所跋涉過的路徑。關於印第安人的起源有各種神話，但總會說到發軔於東方的偉大之旅，以及神聖的獨木舟被龐大巨蟒從東方帶到米爾克河。獨木舟上有第一批人類，還有太陽神所贈予的三種最重要的植物：古柯葉、木薯和亞赫。巨蟒的頭部散發耀眼光芒，獨木舟上的神話英雄按照地位依序坐著，從酋長、主掌智慧的舞者和吟唱者、戰士，到薩滿，最後是坐在船尾的僕人。他們全是兄弟，也是太陽神的子女。大蛇一抵達世界中心便橫躺在地，伸展成河，強而有力的蛇頭變成河口，蛇尾則蜿蜒至遙遠的源頭，蛇皮上的紋路噴出急流與瀑布。

每條河流迎接不同的獨木舟，每個渠道都有五位典型的英雄上岸定居，地位低下的僕人往上游走，酋長則進占河口。於是沃佩斯的眾河流開始形成，住民出現，德薩納族（Desana）現身在帕布里河（Río Papuri）、巴拉薩那族（Barasana）和塔度悠斯族（Tatuyos）在皮拉巴拉那流域（Piraparaná）的上游、圖卡諾族（Tucano）在沃佩斯、馬庫那族（Makuna）在波普亞卡流域（Popeyacá）和皮拉巴拉那流域下游、塔尼木卡斯族（Tanimukas）和雷圖阿瑪族（Letuama）在米里提流域（Miriti）和阿帕波里斯流域（Apaporis）。隨著時間推移，神話所描述的階層制度瓦解了，那些曾在同一條船上航行的人生下了後代，後代在各流域混居，視對方為家人，說同一種語言。為了確保兄弟姊妹不至於通婚亂倫，他們嚴格規定男人所娶的新娘必須說不同的語言。

在今日，年輕女性婚後會搬到丈夫的長屋，以丈夫的語言撫養孩子，但孩子也能自然學到母親的語言。同時，母親會跟孩子的嬸嬸、姑姑一同工作，而這些女人可能都來自不同語系，因此一個聚落可能會出現十幾種語言。一個人能夠流利使用五種語言是很常見的事。不過令人好奇的是，隨著時間過去，各種語言的完整性從未腐蝕。文字不會變得不純，語言也不會遭人亂用。一個人在學習語言時會只聽不說，直到精通為止。

人類學家稱這種罕見的通婚規定為異族通婚，這種規定有個無法避免的結果，就是生活會有一定的緊張。族人要不斷尋找可能的婚姻伴侶，而相鄰的不同語族又距離遙遠，因此文化機制必須確保適婚的年輕男女能定期相會。賴歇爾寫道，聚會和盛大的季節慶典相當重要。他們透過宗教儀式將生活與神話祖先及創世連結起來，同時也在跳聖舞、朗誦神話、分享古柯葉和亞赫中，發揚整個社會系統賴之以運作的互惠精神與交易行為。

這本書激起我的好奇心，隔天早上我便搭乘了軍用貨機飛到米圖（Mitú）。米圖位於沃佩斯河的彎道，是無陸路可通的小型聚落，從比亞維森西奧城搭飛機三小時可到。軍機上沒有門，我彷彿坐在小貨車的尾部飛越天空。我在米圖待了將近一個月，跟當地印第安人一起調查研究植物，大多數是庫貝歐族（Cubeos）和圖卡諾族（Tucanos）。不過無論是在精神、文化或在現實生活中，我都從未進入他們世界的核心。森林太浩瀚，距離太遙遠，黑色河流美得驚人，但被無盡的激流和瀑布切成碎片。

兩年後我重返舊地，並說服一位傳教士飛行員載我到皮拉巴拉那河邊的聖彌額爾天主教教會。教會位於巴拉薩那族的家園，從米圖要再往森林飛一小時，已經是一個人在西北亞馬遜所能想出最遙遠的目的地。不過這次也是短暫拜訪，加上語言和儀節隔閡（我是名副其實從天而降的不速之客，巴拉薩那人又大多只能講幾句西班牙語），我對這個地方只有粗淺的認識。我同時也感慨傳教士的影響力，讓這個與眾不同的文化注定消失。無論我們身處何方，都會和當時的人類學家發出類似的喟嘆：與我們相遇的一切都將煙消雲散。

距離我第一次笨手笨腳地訪問西北亞馬遜很久之後，發生了一件值得注意的事。一九八六年，新當選的哥倫比亞總統巴爾加斯任命了一位人類學家，即賴歇爾的門生希迪布蘭（Martin Von Hildebrand）為原住民事務委員會的主委，要他為哥倫比亞的印第安人做些事。希迪布蘭住在塔尼木卡斯族之中多年，還在當研究生時便乘舟划過整條皮拉巴拉那河。他做的，不止是「一些事」。在那非同尋常的五年裡，他為哥倫比亞亞馬遜的印第安人取得的土地所有權約有二十五萬平方公里，大約有英國那麼大，總共建立了一百六十二個保留區，地籍全編入一九九一年的憲法之中。從來沒有民族國家做到這一點。接下來，哥倫比亞在整個一九九〇年代還有新世紀之初飽受戰火蹂躪，一層紗幕將西北亞馬遜隔離開來。二〇〇六年，希迪布蘭邀我一起返回皮拉巴拉那河，他說在這紗幕後頭，一個古老的土地之夢已然重生。

我跟希迪布蘭在飛離米圖的前一晚縮在簡陋旅館的水泥地上，一邊嚼食古柯葉和菸草，一邊看巴拉薩那的薩滿馬林（Ricardo Marin）在大地圖上指出聖地的位置。我們將會先從空中看到聖地，之後再跋涉過河流和小徑。希迪布蘭和他在蓋亞亞馬遜基金會的同事已經把馬林所知的三維空間位置標在二維平面上。這個基金會是草根的非政府組織，與哥倫比亞亞馬遜地區的五十多個種族合作。巴拉薩那沒有用來表示時間的單字，而聖地也不是遠古神話事件的紀念地或象徵。如馬林所說，聖地是活生生的地方，永遠地融入了現在。對他的族人而言，過去即現在，聖地到今天仍住著神話人物。

隔天早晨，我們的小飛機向上穿進雲層，像隻大黃蜂鑽到樹冠上方，渺小得微不足道。森林向地平線盡頭延伸，只有少數地方露出曾有人類佇足的痕跡。馬林就坐在我前方，在他欣賞景色時，我也專心看著他，想要看到他眼中所見。那天早上我們飛了四小時，在巨蟒民族的整個國度盤旋，從米圖向東前進，飛過帕布里河上方，再向南沿著塔拉伊拉（Taraira）和分隔哥倫比亞與巴西的古老山脊飛行。我們一抵達卡奎塔河（Río Caquetá）和阿帕波里斯河（Río Apaporis）的交會處時，便轉向西飛越湧希（Yuisi）和吉里吉里摩（Jirijirimo）兩座大瀑布，到卡娜娜里（Kananari）河口後，往北越過比安地斯山還古老的沙岩峭壁。往西邊可以遙遙望見塞羅坎帕里亞（Cerró Campaña）地平線上小小的輪廓，另外還看到奇里米奎特山脈（Sierra de Chiribiquete）頂部一大片平坦的山脊，這是一座隆起的巨大高原，位置難以想像的偏僻。雲霧飄過樹冠，一道完美的彩虹弧線劃過天空，兩端輕觸阿帕波里斯河兩岸的森林，波動的河流如巨蟒般穿過寂靜而亙古不變的森林。

我們很晚才降落在聖彌額爾簡陋的泥地跑道上，也就是我在一九七七年曾造訪的天主教會。我認出一些田地、坐落著廣大長屋（又名馬洛卡）的景致，還有皮拉巴拉那河岸邊的白沙灘，小孩和女人都在這條黑色的河裡沐浴。但除此之外，此處已面目一新，我記憶中的傳教所是個傷心地，經過長期廢棄之後，如今早已消失無蹤。我們待在此處的第一晚，一百多人聚集在馬洛卡裡，男性身著羽毛裝跳舞吟頌，服用神聖藥水、古柯葉和菸草、發酵飲料「奇洽」（Chicha）和亞赫。薩滿蜷縮在盛裝聖食的葫蘆上，低聲輕柔地吟出咒語，這是我第一次聽到魯帕里（Yurupari）發出那種令人難忘的聲音，而這種樂器是由世界伊始流傳至今。這些神話般的樂器長久以來被天主教神父斥責為惡魔的象徵，在傳教的幾年間被破壞燒燬。如今這股聲音依舊存在，並鼓舞了新一代的巴拉薩那人、馬庫那人、塔度悠斯人和這條河流旁的其他民族，強力地顯示文化生命力依舊旺盛。希迪布蘭說，在我首次造訪後的三十多年間，唯一在皮拉巴拉那河流域消失的就是傳教士。

整整將近一個月的時間內，在希迪布蘭、馬林及其他巴拉薩那和馬庫那領袖的導覽下，我們遊歷了河流，參加了慶典，也造訪聖地，包括大瀑布，那是文化英雄和黑暗力量作戰的戰場，還有撐住天空的黑石大圓頂、因母神及地球始祖**羅咪庫牧**的經血而染紅的瀑布。在這趟短暫的旅程中，有人飛來加入我們，史蒂芬・休瓊斯（Stephen Hugh-Jones），劍橋大學人類學系的前系主任，和太太在一九六〇年晚期首次與巴拉薩那族人同住。他現在回到這裡，成了受人敬重的長者，也是唯一能流利使用該族語言的學者。身為人文主義者及擁有深刻洞見的民族誌研究者，休瓊斯將大部分的學術生涯都投注在了解巴拉薩那人及其鄰居的發展起源上。他的出現讓這趟旅程變成一連串精神與文化的課程，讓我們每天都有新啟發，對難以捉摸的哲學有更深的理解，這些哲學精妙到令人讚嘆，其意涵則充滿希望。

在巴拉薩那人的思維裡，沒有始與終，也沒有線性時間、天命和宿命的觀念。他們的世界層層套疊，沒有一件事是獨立存在，所有想法都同時有感知和意義兩種層次。正如休瓊斯所告訴我的，每個東西都必須透過各種層面的分析去了解。激流會阻礙你前行，卻也是祖先之家，前後各有一扇門。凳子並非山的象徵，而是一座徹頭徹尾的山，薩滿則坐在山頂上。一排凳子成了古代巨蟒，木凳上的花紋描繪出祖先的旅程還有巨蟒皮的條紋。擬椋鳥羽毛作成的冠冕**就是**太陽，每根黃色羽毛都是一道射線。巴拉薩那世界裡無窮盡的元素就像旋轉木馬一樣在心裡快速轉動，但即使只是想粗略地解釋他們對生存奧義的認知，都不知如何著手。或許馬洛卡（長屋）除外，那不但是人居住的實體空間，也是整個宇宙的龐大模型。

如果我們粗糙的以紀念堂式建築的規模來衡量文明，一如我們對印加石造建築或馬雅神廟的評價，那麼，馬洛卡即是古老亞馬遜民族傲人成就的明證。馬洛卡的結構宏偉，內部是完全包覆的空間，長四十公尺，約二十公尺寬，拱形天花板離泥地有十公尺高，這片泥地在數萬次轟隆的舞步及天亮時孩子的安靜通行下益發堅硬。馬洛卡是血親的孕育之地，是宗族陰暗涼爽的庇護所，也是公社空間，表現該族精神的社交動作都在此醞釀展現。

馬洛卡有精美的對稱結構：八根垂直的柱子等距立於兩排，另有兩對較小的柱子靠近門邊，有橫樑和一排排以褶狀編在椽木格上的茅草。房屋門柱以家族祖先之名命名，房屋正面的彩繪描繪出靈體及服用神聖藥水亞赫後心靈迸發出的色彩與幻影。從世俗的層次來看，這個地方依性別分為兩塊。長屋的前方預留給訪客與男性，這裡是社會的軸心，入夜後人們在樹脂與蜂蠟製成的火把下調製古柯葉，吸進高濃度的菸草，感覺汗水流至指尖，世界瘋狂地天旋地轉，卻也發出和諧的共鳴。女性主掌長屋後方，四根角柱上放有泥製烤盤，母親每天在此將木薯這種有致命毒液的植物變成食物，成為族人日常的麵包。木薯要以精心編成的濾網篩過才能化為糧食，而這個濾網被視為巨蟒的嘴。

馬洛卡的屋頂是天空，支柱是石柱和山脈。山脈是遠古生命的石化遺跡，而這些生命是創造世界的文化英雄。較小的柱子代表第一條巨蟒的後代，屋樑同時是太陽的通道、天空的河流（銀河），將生者與宇宙邊界隔開的渠道。地板就是土地，其下流著陰間之河，死亡與悲傷的溪流。於是，天上的河流跨過天空，而陰間死亡之徑則橫越地下世界。太陽每天在空中由東至西行進，晚上再沿著陰間之河從西向東折返。陰間是死者的世界。巴拉薩那人將損壞的獨木舟作成棺木，以此安葬長者，埋入馬洛卡的地下。印第安人住在這個名副其實孕育其族裔的空間中，也日復一日從祖先的遺骸上走過。但亡靈終究無可避免會消逝。為了讓亡靈儘快離開，印第安人把馬洛卡建在河畔。他們相信所有河流都往東流，陰間之河也不例外，因此每間馬洛卡必定沿著東西軸線建造，兩端各有一扇門，分別供男女使用。所以馬洛卡之所以臨河而建，不止是貪圖方便，更反映了他們的生死循環觀。水不但令人想起造物最原始的作為、巨蟒和神話英雄的溪流之旅，也預示了必然會降臨的腐朽與重生時刻。

如果說長屋包覆著部落，確保部落生生不息，也頌讚了部落的神話起源，那麼，也會有一座普世的馬洛卡守護著大地，而聖地則是穩固這座馬洛卡的錨。巴拉薩那族和鄰近族人的世界又平又圓，如同婦女做木薯麵包用的土製烤盤。相隔遙遠的丘陵圍成一圈，撐起真實的天空（也就是宇宙馬洛卡的屋頂），就像陶土塊支撐著烤盤。四道聖門穿過丘陵。南北兩道是「肋骨門」，將人類身體連向宇宙；西邊的門是「折磨門」，是死者的終點，破壞勢力也是順著這條軸線入侵並汙染這個世界；東邊的「水門」則直通米爾克河口，此處正是土地與天空融合及太陽生成的發源地。對巴拉薩那人和馬庫那人來說，這些出入口都是真實地點，跟著馬林旅行時，我們就從空中看到了這些地方。世界始於湧希瀑布，結束在阿帕波里斯河上的吉里吉里摩大瀑布。沿著塔拉伊拉的丘陵、沃佩斯河上的魯帕里瀑布及卡奎塔河上的阿拉拉夸拉（Araracuara），還有越過嘎那馬里族（Kanamari）的山崖峭壁，這些都是實際存在的始點，也是寫在土地上的神話地理學。

在創世之初，也就是在四季出現之前，在母神羅咪庫牧這個女薩滿打開子宮前，在她的鮮血與乳汁形成河流、肋骨成為世界山脊之前，宇宙中只有一團混沌。名為**欸**（He）的幽靈和魔鬼獵食自己的親人，不假思索地交配，不顧後果地亂倫，吞食自己的後代。於是，羅咪庫牧用大火和洪水摧毀整個世界，接著就像母親將烤爐上溫熱的木薯麵包翻面一樣，她將氾濫而焦黑的世界倒轉過來，建造了平坦而空曠的大地，讓生命能在此重生。身為女性薩滿的她產下了一個新世界，有土地、水、森林和動物的世界。

同時還有另一個創世的故事。有四位偉大的文化英雄阿雅瓦（Ayawa），即著名的元祖或稱雷神，從東邊溯米爾克河而上，穿過「水門」，把神聖樂器魯帕里當犁一樣放在面前推，推出了山谷和瀑布。他們的唾液生出河流，用力折斷的木頭碎片成為第一件祭器和樂器。當阿雅瓦跋涉到世界中央，樂器的音符帶出山脈、高地，還有宇宙馬洛卡的柱子和牆壁。阿雅瓦四處遇見貪婪的凶惡力量，貪得無饜的惡靈享受毀滅快感，妄想奪得世界。阿雅瓦以智取勝，將惡魔變成石頭，為宇宙帶回秩序，自然世界的精華和能量因此得以釋放，造福所有具有知覺的生物和各種型態的生命。之後他從女薩滿的陰道裡偷走創意之火，與她做愛，饜足後升上天空成為雷聲和閃電。

女薩滿發現自己懷了孕，便順流而下，在東方水門生下祖靈巨蟒。最後這條大蛇重走一遍阿雅瓦的驚駭之旅，肉體與靈魂全回歸河岸、瀑布和岩石，即巴拉薩那、馬庫那和及各個鄰族的出生地。這些記憶裡的自然和地理據點，至今仍舊生氣盎然，阿雅瓦就是在這些神聖的紐帶中將生命的原始能量釋放給人類，而管理造物的永久責任，則已交付給巨蟒之族。

因此，對此時居住在皮拉巴拉那森林的人而言，整個自然世界充滿著意義和宇宙觀要旨。每塊岩石和瀑布都蘊藏著故事，植物和動物擁有相同的靈魂本質，卻有著截然不同的外在形體。同時，每件事都不止是表面呈現的樣貌。看得見的世界只是知覺的一種層次。每種有形的形式、所有植物和動物背後，有薩滿能見而常人無法得見的陰暗時空。這是「**欸**」之靈魂國度，裡頭還有化為神靈的祖先，岩石和河流都有生命，植物和動物是人類，巨蟒形成的太初之河流著精力和鮮血。在大瀑布這座天然帷幕的後方，**欸**之靈魂構成的巨大馬洛卡群坐落在石陣中央，萬物都極為美麗：閃閃發光的羽毛、古柯葉，還有裝有菸草粉的葫蘆——即太陽的顱骨和頭腦。

薩滿舉辦宗教儀式，前往**欸**之靈魂國度。跟西方頗受歡迎的傳說不同，巴拉薩那的薩滿從不使用或操控藥用植物，他的責任及神聖任務是進入**欸**的永恆國度，接受太初力量，而後恢復萬物的能量。他就像現代的工程師，進到核子反應爐的最深處，更新整個宇宙的秩序。

對巴拉薩那人來說，這種更新工程是生者的基本義務。實際上這顯示巴拉薩那人認為土地有無窮力量，而森林也是活的，裡面存在靈體與祖先的能量。以土地為生，就得同時擁抱土地潛藏的創造力和毀滅性。人類、植物和動物共享相同的宇宙起源，所以在深層意義上也擁有相同的本質，順應相同的定律，也承擔同樣的責任，並共同負起萬物的集體福祉。自然跟文化無法截然分開。沒有森林和河流，人類會滅亡；沒有人類，自然世界就沒有秩序或意義，萬物會陷入混亂。於是推動人類社會行為的規範，也界定了人類跟萬物的互動，包括野生環境、動植物，還有自然世界的多樣現象，如閃電打雷、太陽月亮、花朵的香氣、死亡的酸腐味等。一切事物互有關聯，融成一個整體。神話為土地與生命注入意義，也把攸關森林中生存必備的期望與行為都編成密碼，將所有社群、每座馬洛卡都繫在深刻的土地精神上。

這種宇宙觀有非常真切的生態價值，這展現在人類的生活方式上，也反映在人類對環境所造成的影響上。森林是男人的場域，庭院則由女人掌控，她們在那裡生育小孩，也種植作物。女人培育了三十多種食用作物，也讓二十多樣野生果實和堅果豐碩生長。男人只栽植菸草和古柯葉，種在狹窄的小徑上，蜿蜒穿過女人的地盤，看起來像草地上的巨蟒。對女人而言，收成及準備日常食用的木薯麵包具有繁衍的意義，也是成年的表現。木薯泥充分沖洗後留下的澱粉液被視為女人的血，加熱後便能安全食用，溫熱飲用則如同母乳。天然的木薯纖維類似男人的骨，要在烤盤上用火燒過，再以女人的雙手塑形。透過木薯此一媒介可馴化野外的植物靈魂，造福一切。木薯如其他食物，也有相互矛盾的潛質：能夠賦予生命，卻也可能帶來疾病與不幸。所以木薯必須藉由長者的雙手遞送，並由薩滿以靈力滌淨、祈福後才能食用。

從這個角度來說，食物是一種力量，代表能量從一種生命形式轉移到另一種。成長中的小孩只能在引導下慢慢認識新食物。嚴格的進食規定同時也標記出生命的重要階段，包括男子成年、女人初經，還有人類很明顯正與欸之靈魂國度接觸的過渡時刻。男性到森林漁獵的過程本身就有其意義。首先，薩滿要進入催眠狀態，跟動物之主交涉，與靈魂守護者達成神祕協定，這種交易總是以互惠為基礎。巴拉薩那人將這種情況比擬為婚姻，因為狩獵也是一種求偶的形式，獵人在這個過程中尋求更具權威的賜福，讓自己有榮幸將珍貴的動物帶回家。肉食並不是獵人的權利，而是來自靈魂世界的禮物。未經許可獵殺，得冒著被靈魂守護者索命的風險。守護者會以美洲豹、巨蟒、貘或哈比鷹的面貌出現。人類在森林裡永遠既是獵人也是獵物。這些慎重而悠久的社會規範維持了相鄰部族的和平與尊重，協助大家交換儀禮器物、食物和女人，也同樣可以用在與自然界的相處上。動物也是人類潛在的親屬，正如同野外的河流和森林是人類社會的一部分。

如人類學家奧爾赫姆（Kaj Arhem）所撰，這些觀念和規則在本質上其實就是由神話啟發的土地管理計畫。舉例來說，巴拉薩那族和卡庫納族有四十五種動物可以狩獵，但他們經常獵捕的只有二十種；四十多種魚類中，食用的可能只有二十五種。複雜的食物規則造就高度多樣化的維生基礎，主要集中在食物鏈的末端。貘雖然是珍品，但他們很少獵捕，而且總是留給長者食用。一般而言，儘管肉食可以凸顯獵人的地位，但平日蛋白質的來源主要是魚和昆蟲。螞蟻、幼蟲和白蟻和木薯麵包，就是基本的一餐，也是味美質佳的菜餚。薩滿的心中繪有一幅地景的全貌，因為神話事件牽連著河流的每個彎道與急流、溪流的每個交會處，還有一顆顆的石頭。獵人會避開野生動物舔食鹽分的鹽漬地。祖先血液染過的有毒之處、灰鯵產卵棲息的灘地和支流河道，都禁止捕魚。整個皮拉巴拉那地區是數百種魚類的故鄉，因宗教因素被視為禁區。這些薩滿的規範一方面受到宇宙論的啟發，另一方面也有效地減緩人類對環境的衝擊，而當初激發這些信念的神話事件仍流傳於世，為我們帶來一套人類和自然合而為一的生活哲學。

一場宗教儀式讓這些全都活靈活現起來。我們離開皮拉巴拉那之前，參加了向「木薯女人」致敬的豐收儀式。這場活動持續了兩天兩夜，吸引數百名男女和家庭成員從河流的上下游來到位於奧爾特加（Puerto Ortega）的馬洛卡。接待我們的是巴拉薩那的薩滿萊諾。馬洛卡的酋長是帕特里西歐（Patricio），他的妻子羅莎（Rosa）就是象徵豐饒與生生不息的木薯女人。吟唱人和舞者、智慧守護者與酋長、薩滿和祭司（kumu）等各階層領導人各就定位。關於這些獨特的宗教人物，休瓊斯以奇特的比喻來形容他們所扮演的角色：薩滿就像外交部長，橫向處理大自然的力量；祭司則沿著時間縱軸處理跟祖先有關的事宜。他的語言如同吟唱，非常儀式性、古體，無人能懂，除非曾被指點箇中意義。他就是深奧宗教知識的聖典。他不會另闢蹊徑或突發奇想，因為這麼做就跟天主教神父竄改聖餐的語彙和祈禱文一樣不妥。

從那些負責編織舞蹈羽毛冠冕的男人身上，更能看出此地對宗教有多虔敬。他們被隔離在馬洛卡裡數星期，不准吃魚吃肉，也不准和妻子在一起。為了能做出耀眼的黃色羽飾，他們將活鸚鵡身上的羽毛拔下，然後在鸚鵡胸部塗上蛙毒和毒莓，讓新長出的羽毛顯露出太陽的顏色而非通常的深紅色。這種冠冕並非裝飾性的，它是通往神聖空間的通道，也是飛往聖潔的雙翼。

當儀式展開，時間概念便告瓦解。白天、黎明、黃昏和午夜的開端將舞蹈分成兩個系列。這些人戴上羽毛、代表純正思想的黃色冠冕及雨絲般的白鷺鷥羽毛後，就成了祖先，就像河流是條巨蟒，高山是世界之屋柱一般。薩滿能隨意變身，前一刻是獵人，後一刻則成了獵物。他從魚變成動物再變成人，然後重來，變成各種形體，成為純粹的能量，漂流在現實的各個向度，過去現在、這裡那裡、神話現世。在進行這趟巨蟒的先靈之旅時，每遇見一種地貌，他的禱文便按地貌之名被呼喚。這些地名可以沿著亞馬遜河正確無誤地追溯至一千六百公里以外的東方，也是偉大文明一度興盛之所在。

馬林告訴我，白人用眼看，但巴拉薩那人則是用心看。他們回到混沌初開的時刻，也進入未來，拜訪每處聖地，向各種生物致敬。當他們頌讚最深刻的文化開悟時，也領悟到在真實的另一個向度裡，動植物其實就是人類。這就是巴拉薩那哲學的本質。不妨思索一下巴拉薩那哲學有何意涵、向我們訴說了怎樣的文化、具有何等歷史定位。這種傳統以知識為根基，而要取得這些知識，有賴時間累積、勤奮不懈的宗教研究和啟蒙傳授。智者才能獲得身分地位，而非驍勇善戰之士。他們的馬洛卡之宏偉，足以與人類最偉大的建築物一爭高下。他們對於天文、太陽曆、階級組織和專業分工的觀念，自有一套複雜的解釋。他們儀式中的盛裝就是財富，優雅一如中世紀的宮廷服飾。他們繁複的互惠體系促進了和平而非戰爭。他們努力治理宇宙萬物，維持生命源源不絕的能量，以及他們在信仰和適應上的獨特性，顯示一種非常重要的可能，那就是巴拉薩那民族是昔日世界的倖存者——那是個讓卡發耶和奧雷亞納驚訝不已的複雜社會與領導制度、一個失落的亞馬遜文明。

數以百萬計的人究竟是抱著怎樣的信仰與信念生活在這條全球最大河的岸邊？從巴拉薩那人、馬庫那人及所有巨蟒之族的適應力和文化存續中，我們或許能窺知一二。巴拉薩那人真心信仰他們的宗教與亞赫這種神奇的藥水，所以當他們說自己能夠穿越不同時空、踏上阿雅瓦的史詩之旅、遠赴傳說中的聖地、完成所有偉大的壯舉時，他們是發自肺腑。今日巴拉薩那人及其鄰人的生活不僅是西方文明入侵前的古老過去的迴響，也向前為我們指引了新的道路。人類能在亞馬遜流域繁衍茁壯，卻不剝削汙染森林，這絕非空話，因為巴拉薩那人真的做到了。

phy

神聖地理學

Sacred Geog

「直覺之心是神聖的天賦，理性之心則像忠誠的僕人。我們建立了一個榮耀僕人卻遺忘了天賦的社會。」

——愛因斯坦（Albert Einstein）

The intuitive mind is a sacred gift and the rational mind is a faithful servant. We have created a society that honours the servant and has forgotten the gift. — Albert Einstein

在英屬哥倫比亞北部偏遠崎嶇的山脈間，有座極度美麗的山谷，北美原住民稱之為「神聖水源地」（Sacred Headwaters）。那是斯帕齊濟荒野公園（Spatsizi Wilderness）的南緣，加拿大的塞倫蓋堤國家公園[1]。這裡孕育出加拿大三條最重要的鮭魚河流：咫尺相隔的史提開河、史基納河和納斯河。花上一整天或兩天，就有機會跟著北美灰熊、北美馴鹿和野狼的足跡穿越開闊的草原，也可在這三條河流的發源地飲用泉水。這三條河激盪出許多偉大的西北太平洋文化，像是吉特克桑族（Gitxsan）和威特蘇威登族（Wet'suwet'en）、卡列爾族（Carrier）與塞卡尼族（Sekani）、欽西安族（Tsimshian）、尼斯加族（Nisga'a）、塔爾坦族（Tahltan）、海斯拉族（Haisla）和特領吉族（Tlingit）。再往上走三天，你就會到達加拿大最大河麥肯錫河的水源，也就是芬利河的源頭。

就我所知，另一個地理如此壯觀的地方是圖博。在那裡，岡仁波齊峰的山腳下湧出亞洲三大河：印度河、恆河和雅魯藏布江，為下游十億多人口帶來生機。印度教徒、佛教徒和耆那教徒將岡仁波齊峰視為神山，禁止凡人走上山坡，更遑論爬上山頂。任何破壞山壁的工業開發，對亞洲民族都是難以想像的褻瀆，而任何膽敢如此提議的人，都會面臨最嚴酷的制裁，包括現世及來生。

在加拿大，我們對待土地的方式卻相當不同。英屬哥倫比亞政府不顧所有加拿大原住民的希望，為了開發工業巡自開放神聖水源地。這些可不是無關痛癢的開發案。帝國金屬公司提出的銅礦與金礦露天開採計畫，每天要加工處理三萬噸礦砂，全來自駝大金山（Todagin Mountain）山邊。這座山養育的白大角羊數量居全球之冠。處理廢礦的池子一旦完工，將會直接榨乾史提開河主要支流伊斯庫河源頭的湖群。礦坑將開採二十五年，期間將會製造出一億八千三百萬噸

1・譯注：塞倫蓋堤（Serengeti）是坦尚尼亞西北部至肯亞西南部的一廣大地區，有許多大型哺乳類動物和特有鳥類，其大型動物每半年有一次大遷徙景觀，頗負盛名。

的有毒廢礦，還有三億七百萬噸的廢岩塊，以及未來兩百多年不斷排出酸水的下場。加拿大福成礦業和西鷹發展這兩家採礦公司則將撕裂水源地河谷，以規模相差無幾的露天開採無煙煤作業夷平整座山頭。

最大的開發案由荷蘭皇家殼牌集團提出，他們想要在這片四千多平方公里的無煙煤沉積層上開採煤層甲烷。此開發案一旦進行，將會在這整片神聖水源地流域上鋪設一張大網絡，以道路和輸送管線串起數千口井。根據各種研究，取得煤層甲烷的過程會造成極高破壞：為了讓無煙煤釋放出沼氣（甲烷），技術人員必須以高壓注入大量化學藥劑，使礦層斷裂，一次的劑量就超過一百萬公升。這會讓沉積層排放出大量劇毒水。登記使用的化學製品有九百多種，其中很多都是強力致癌物，但基於專利權之故，這些公司無需揭露他們在任何地方使用的藥劑。

撇開環境問題不談，想想看這些開發案對我們的文化意味著什麼。那些從未住在這片土地、跟這個國家毫無歷史淵源或關係的人，卻擁有合法的權利登堂入室，然後依據他們的企業天性，在文化和地景徹底遭褻瀆破壞之後翩然離開，而我們卻習以為常？尤有甚者，我們在開放採礦特許權時，常在第一時間就以微不足道的金額把權利賣給遠方城市的投機客，而那幾間公司湊起來的歷史，可能都還沒有我的狗來得老。這顯示我們根本不認為土地本身有任何文化或市場價值。在推動荒野工業化時，我們的經濟核算竟壓根不曾考量摧毀大自然資產所付出的代價，或保持大自然完好的固有價值。沒有一間公司必須為自己對公地、對森林、對高山和河流的所作所為賠償大眾，然而這些東西理應屬於全體大眾共有。但這些企業只要能夠提供收益和就業，就能繼續為所欲為，幾乎如入無人之境。我們對這種情況不以為意，因為這就是我們社會體系的基礎。在資源導向的經濟中，商業活動就是如此獲取價值和利潤。但如果你再想一想，尤其是從其他文化的觀點來看，就會發現我們的做法顯得非常怪異，而且極為反常。

在這一章中，我特別想要省思我們的這種態度。我們的作法使我們的星球變成了商品、可隨意消費的原物料。為了能夠傳達這種省思，我會滿懷希望地指出，在人類學的觀點中，我們事實上還有很多選擇，有各類方法找出自己在世界與大地間該何去何從。世界各地的人用各種方法讓自己在這個地理和生態空間中安身立命，這就正如同貝利神父（Father Thomas Berry）筆下的優美形容：所有的無限與不可思議、天真與世俗、神聖與卑下，在在呈現了地球上獨一無二的夢想。

從文藝復興到啟蒙運動，活在歐洲傳統中的西方人為了追求個人自由，將人類心靈從絕對信仰的牢籠中解放出來，甚至也讓個人脫離了集體，在社會學裡這就有如核分裂。然而為了達到此目的，我們也捨棄了直覺，拋棄了神話、巫術、神祕主義，以及可能最重要的——隱喻。十七世紀，笛卡兒揭示了宇宙僅由「大腦和機器」組成。他以這麼一句話，將人類以外的所有具感知的生物都去生命化，連地球本身也不例外。如貝羅②所寫：「科學對信仰進行大掃除。」凡是無法明確被觀察或測量的現象，都不存在。到了十九世紀，實證主義傳統甚至為社會研究下了一個定義，甚而創造出「社會科學」這種史上最矛盾的詞彙。這種世俗唯物主義的勝利演變成現代的自負。土地有靈、飛翔的老鷹或許有意義、精神信仰的確能夠獲得共鳴，凡此種種皆受到嘲弄、貶斥。

理性之心主宰我們的社會長達數世紀，而科學就是這種理性之心的最高表現。然而，科學即便窮盡所能，也只能回答「**如何**」，從來無法進一步回答終極提問：「**為何**」。科學模型與生俱來的侷限引發了存在的兩難，這為時已久，而我們也並不陌生。我們從小就被教導只能用一種方式去了解宇宙，即宇宙只是原子微粒在太空中急速旋轉和相互作用的隨機活動。更值得注意的是，我們將世界簡化成機械裝置，而大自然充其量不過是有待克服的障礙、能榨取利用的資源。這種思維決定了我們的文化傳統，讓我們以盲目的態度跟這座有生命的星球互動。

我從小在英屬哥倫比亞海岸長大，一直認為雨林就是為了砍伐而存在。我在學校讀書、在森林裡當實習伐木工時，林業科學的思考核心便是如此。所謂輪作週期（即全省森林的砍伐速率，也是「永續收穫林業」的基礎），是奠基於一種假設：所有原生樹林都應該砍伐，然後改建為林場。林業的學科語言虛偽不實，可以說是意在誤導。所謂「每年容許採伐量」，竟然不是絕對不能超出的限制，而是必須達到的額度。而所謂「遞減效應」（Falldown Effect），指的是消耗原生樹林時，木材生產量依計畫逐次下降，但這個詞竟然被包裝成自然現象。現代林業於一九四〇年代開始推行，從此允許森林每年大量超伐，令人咋舌，每個在伐木營地裡的人也都承認這件事。「多用途林業」原應指森林要以多樣性目標來管理，結果竟然是全面伐林。儘管原生林並非人為種植，卻被當成作物收成，也沒人期望樹會再長回來。從生態學的各種定義來看，原始森林都處於最為豐富、生態最為多樣的階段，結果竟然被形容成「衰敗」及「過熟」。這些稀少而重要的雨林就如同神聖水源地的山林和草原，都具有內在價值，但在計畫制定過程的衡量計算中，卻毫無立足之地。

這種文化觀點與加拿大原住民可以說是大相逕庭。原住民在歐洲探險時代就已住在溫哥華島

2・譯注：貝羅（Saul Bellow），一九七六年諾貝爾文學獎得主（一九一五——二〇〇五）。

上，至今依舊。同樣的青年時期，我被派去砍伐森林，而夸夸嘉夸族[3]青年則按傳統在哈馬撒（Hamatsa）成人禮中被送入同樣的森林，並在森林與胡克斯胡克鳥[4]及天堂鸞喙族（住在世界北端的食人鬼）戰鬥，目標是在冬季贈禮節[5]凱旋歸返。他在精神上的自我要求及堅忍剛毅的性格，能讓所有族人在大自然的能量中重獲新生。重點不在詢問或指出孰對孰錯，難道森林不過是纖維素和木材的專業計量單位？森林真是靈魂的國度？高山真是聖地？河水真的是順著巨蟒的古老路徑流動？誰說了算？說到底，這些都不重要。

真正重要的是信仰的力量。信仰是一個民族在日常生活中實踐信念的方式。從非常實際的角度觀之，信仰決定了文化的生態足跡，關係到社會對環境的衝擊。一個小孩在養成時相信山是靈魂的庇護所，長大後就不會把山當成一大堆了無生氣、有待開採的石塊。夸夸嘉夸族男孩被教導海岸林是神的國度，要崇敬以對，因此他不會像加拿大小孩那樣相信森林注定要被砍伐。要完整衡量一種文化，必須審度該民族的舉動，以及他們的渴望具有什麼特質，即推動他們向前邁進的隱喻究竟有何本質。

很有可能，這裡面就藏著許多原住民族與自然界相處的精髓。新幾內亞瘴癘沼澤地的生活、圖博嚴峻的寒風、撒哈拉沙漠的炙熱，讓人很難多愁善感。我們不會把因紐特人跟懷舊聯想在一塊。婆羅洲的游牧獵人和採集者根本不具破壞山林的技術與能力，也就不會有管理山林的想法。儘管如此，這些文化已經歷經了時間與宗教儀式的淬鍊，建立與地球的某種關係。這種關係不僅來自跟土地的深厚連結，更來自敏銳的直覺，即透過人類意識將土地視為生命體的概念。山川森林並非無生命的物品，也非人類劇場裡展示用的舞台道具。對這些社會而言，土地是活的，是人類能夠以想像力親近和轉化的動態力量。南美洲安地斯山脈的山脊，還有聖瑪爾塔內華達山脈的頂峰（從哥倫比亞加勒比海岸平原向上拔升六千公尺的孤絕山巒），最能清楚闡釋人類跟土地的依屬與連結，而澳洲原住民的精微哲學，則以抽象而隱晦的方式表現。我在本章想要探索的，便是這些地方。

．．．

我首次南下遊歷安地斯山脈是在一九七四年春天。當時我還是學生，有幸加入植物探險隊，任務是解開印加民族稱之為「不老神葉」的植物之謎。此種葉子即古柯葉，也就是聲名狼藉的古柯鹼原料。這可是不同凡響的工作，古柯鹼是在一八五五年首次從葉子中提煉出來，自此徹

3．譯注：夸夸嘉夸人（Kwakwaka'wakw），北溫哥華島的原住民，歷史悠久。
4．譯注：胡克斯胡克鳥（Huxwhukw），一種神話中會食人腦的獸鳥。
5．譯注：冬季贈禮節（potlatch），北美洲的印第安人在冬天舉辦的盛宴，藉由送禮來彰顯主人的財富地位。

底改變現代醫學，尤其是眼科，因為這能無痛去除白內障。古柯鹼依舊是最有效的局部麻醉劑，古柯葉的香精更造就了世界上備受歡迎的飲料風味：古柯葉讓可口可樂「真的可樂」⑥。今日專業醫學人士使用的合法古柯鹼，全由這家軟性飲料公司提供。

一九七〇年代中期，拉丁美洲的走私販毒集團開始勃興，雖然沒人知道究竟是怎麼回事，也沒人意識到這種行為會變得多不堪而殘忍無道。這些於法不容的交易至今仍控制在自由浪人的手中。半世紀以來，傳統栽植地不斷遭剷除，但這些整肅跟古柯鹼沒有任何關係，而是牽涉到某些民族的文化認同，那些對植物滿懷崇敬的民族。利馬的醫生，特別是關注安地斯山脈原住民的醫生，其實對印第安人的生活一無所知。他們在一九二〇年代隨意往內華達山脈瀏覽一番，看到了赤貧、簡陋的衛生設施、營養不良，以及高文盲率、高嬰兒死亡率和高患病率，便尋求一個解釋，認為土地分配、經濟剝削、勞役償債制在在衝擊了印第安人階層結構的基礎，於是他們認定古柯是萬惡之源，把所有想得到的社會弊端或病態都歸罪於這種植物。剷除所有傳統田地因此成了國家的當務之急，然後一九四〇年代末在聯合國介入下，更成為國際政策。

值得注意的是，儘管一九七四年各方對古柯既關注又瘋狂，其實當時科學對這種植物所知甚少。諸如馴化品種的來源、葉子的化學成分、古柯葉咀嚼的藥理學、植物的營養作用、培植品種的地理分布、野生和育種的關係，這些全都是謎。當然，人們普遍同意古柯葉在安地斯山脈享有最崇高的地位。在印加帝國時期，祈求者的嘴裡若沒有古柯葉，便不能接近任何神廟。由於帝國首都庫斯科的海拔太高，無法種植古柯，印加帝國就用金和銀來仿製古柯，放在祭壇上為景觀增色。時至今日，這座高地上的每項重要活動都會讓古柯葉與帕恰媽媽（陰性的大地本體）進行能量互換。若無此一神聖植物的調和，田地就不能播種收割，小孩無法誕生於世，而老人也不知如何進入亡者國度。

雖然為美國政府一些部門所不喜，我們的團隊在一九七五年對古柯進行了首宗營養研究，結果相當驚人。古柯只有少量植物鹼，淨重大約在百分之〇・五到一左右，這樣的濃度有利於口腔黏膜吸收。但古柯也含有分量可觀的維生素，鈣含量更多過美國農業部研究過的所有植物，因此飲食傳統若缺乏乳製品，古柯便成了理想食物。研究也指出，古柯的葉子也會製造酵素，能強化身體在高海拔時消化碳水化合物的能力，對以馬鈴薯為主食的安地斯山原住民而言相當理想。這個科學發現凸顯了我們不遺餘力地剷除傳統田地一事有多荒謬。古柯並非毒品，而是

6・譯注：此為可口可樂公司一九六九年打出的廣告標語：It's the Real Thing!

神聖的食物，被安地斯山民族拿來當溫和興奮劑使用已有四千多年，沒有任何證據顯示他們曾因此中毒，遑論上癮。

我以古柯為鏡頭，當代泛安地斯山脈世界的豐富性便逐漸清晰了起來。西班牙人於十六世紀抵達秘魯，引發了浩劫，然而在這場殘酷的相遇裡，有個重要的文化混合體誕生了，直到今天都還從基督宗教及前哥倫布時期的古老信仰中獲得源源能量。征服者用盡一切力量去破壞安地斯的精神，摧毀所有宗教寺廟和神像。但西班牙人一次次在拆除的神廟上樹立十字架或教堂，在印第安人眼中只是一次次地肯定這個地點固有的神聖性，因為他們崇拜的並不是建築，而是土地本身，是河流和瀑布、裸岩和山巔、彩虹和星辰。五百年來的歐洲統治用盡不公不義的手段，卻無法平息安地斯靈魂深處的搏動。在每個小村莊和峽谷裡，在羊駝和瘦駝嚼著草的**普納**高原荒草叢中，在失落已久的帝國中，每個城市和十字路口的那些石板路上，都可感受到這樣的搏動。

今日在哥倫比亞南部和玻利維亞之間有六百萬人以蓋楚瓦語為母語，這是印加帝國的語言。這群人大多是農民，而他們獻給全世界的禮物包括馬鈴薯、番茄、菸草、玉米、奎寧和古柯。對他們而言，土地確實是有生命的。山巒是神祕的生物，能夠匯集雨水、創造天氣、豐潤土壞、肥沃田地；在盛怒時也會帶來毀滅，降下致命的暴風雨或嚴寒，在須臾間毀去全年收成。一九八三年便是如此，一場冰雹在十五分鐘內夷平大庫斯科一帶所有的玉米作物。

南安地斯山脈的所有部落至今仍為山神**阿普**（Apu）所統治，祂保護子民，也決定了子民的命運。時至今日，人們依舊相信腳下的一景一物都是神聖的。傳統農業經濟始終以勞力交換為基礎，同樣的互惠概念也確立了部落和土地的關係。這樣的義務與關係從未言明，卻也從未遭人遺忘。只要把大地之母與眾阿普放在心中崇敬，祂們便會繼續澤被族人。

男女在小徑上相遇時，會停下來交換十字古柯葉，也就是三片完好的葉子排成的十字架，然後轉身面向最近的阿普，將葉子拿近嘴邊輕吹，這是一種儀式性的祈禱，將植物精華送回大地、部落、聖地以及祖先的靈魂裡。交換葉子是種社交行為，用以確認人際連結，而吹氣的動作卻是靈性互惠之舉，他們藉此無私地奉獻大地，以確保古柯葉的能量能及時回歸完整循環，一如雨水落地後勢必會重生成一片雲。這個動作本身就是一種祈禱，其精妙之處會在一年一度盛大的部落敬獻儀式中進一步彰揚。

我對安地斯民族的認識，很大部分來自欽切羅（Chinchero）這個庫斯科郊外令人讚歎的美麗河谷。城市的中心就位在印加帝國第二任統治者尤潘基的殘破夏宮上，精緻的台階迤邐向下，直至翠綠的平原。這片大地是古代的海床，北方的隆起綿延至比爾卡班巴的遙遠山巔，那裡是帝國最後的堡壘。在東邊，高低起伏的安塔基卡[7]之坡主宰了天際線，一座殖民教堂棲息在殘垣之巔。一九八一年，我在這座教堂成為一個可愛男嬰阿曼多的教父，與他的家人建立了至今不渝的情誼。

欽切羅會在每年雨季的高峰舉辦重要活動：**年度繞境賽跑**（the mujonomiento）。每個小村莊跑得最快的男孩會在當天變裝成**維拉卡**（waylaka），這是項榮耀。他們要穿著姊妹或母親的衣服，舉著白色的儀式旗幟，帶領所有身強體壯的男性一起跑。距離只有三十公里，但路線跨越兩座高聳山脊。起跑點在三千五百公尺高的村落廣場，之後陡降三百公尺，穿過遺址到安塔基卡底部，再上升約九百公尺到山巔上，然後往下進入另一端山谷，最後還得再爬一段，才能抵達分水嶺的草原，然後走上一段漫長步道回家。這是競賽，卻也是朝聖之行。所有邊境都用土塚標記出來，是為聖地。在這裡要念誦禱文，把古柯葉獻給土地，把祭酒獻給風，然後維拉卡跳起舞來，在強烈的節奏下不斷快速轉圈，揚起遺留在遙遠村莊的陰性精華與女人能量，帶上神聖之巔。這些跑者利用每個儀式動作來宣示對土地的主權。這是重要的隱喻。在那一天，一個原本是單獨個體的人，在經歷筋疲力竭和**祭獻**（sacrifice，該字源於拉丁文「使神聖」）的過程後，開始與該部落的脈動合而為一，而部落也透過儀式祭典來宣示其歸屬，確保自己在神聖地理學占有一席之地。

朝聖一直都是安地斯山脈族人生活的核心特色。為了祭拜，印加的祭司會爬上六千五百公尺高的山峰，而四百年來沒有歐洲人爬到這樣的海拔。大征服之後，這類朝聖之行依然持續不輟，雖然因融合了基督宗教而有新的火花與形式，但依舊深植在大地及神祕力量的古老信念中。欽切羅「繞境賽跑」這類地方慶典有許多主題元素也同樣出現在泛安地斯民族的朝聖之旅中，這類朝聖即便到了今天依然吸引了南安地斯山脈各部落的數萬名民眾參加。

跟著維拉卡進行第一次繞境賽跑約一年後，我跟好友還有一群來自欽切羅的同好前往西納卡拉的神聖山谷旅遊，那裡是**星雪祭**（Qoyllur Rit'i）的所在地。這大概是最艱難、最啟發靈性的安地斯朝聖之旅，位於庫斯科東方一百三十公里外，到登山口的路程約六小時，目的地是海拔四千七百五十公尺左右的翠綠盆地。該地彷彿高聳的天然露天圓形劇場，最大的特色是如祭壇

7・編注：安塔基卡（Antakillqa）意即「聖潔山神」。

般推向谷地的三條冰河。天主教信仰相信西納卡拉在十八世紀晚期曾出現神蹟。當時有個小男孩看見耶穌光影奪目地顯現，於是有人在當地建造了一座聖殿，如今依然可以在岩石中看見主的形象。

對印加帝國而言，這塊岩石原本就很神聖，一如整座山谷。對他們來說，事物是流動的。屍骸並非死亡，而是生命的結晶，也因此存有豐沛能源，一如被閃電擊中而充滿能量的石塊，或是因陽光而生氣蓬勃的植物。水就是水蒸氣，但最純粹的形式是冰，也就是山側的雪原之形，或是朝聖之行最高且最神聖的目的地——冰河。山被稱作**父親**（Tayakuna），其中有些氣勢傲人，光看都覺得危險。其他聖地，諸如山洞或山隘口，或是滔滔不絕有如祭司的瀑布，全被譽為**提拉庫納**（*Tirakuna*）。以上地標並沒有神靈居住，當地人所崇敬的，其實正是這些地方本身。河流是大地的露天血脈，與天上的銀河相互對應。彩虹是從神聖之泉浮出的雙頭蛇，在空中彎成拱形，然後鑽入地底。流星則是一道道銀光，後方是所有的天空，包括一片片漆黑的宇宙塵埃，也就是所謂的暗雲星座⑧，對高地居民來說，這種星座跟天空裡組成動物形狀的星座同等重要。

印加人認定庫斯科是世界之臍，太陽神殿則是軸心，從這裡向地平線輻射出四十一條線，其方位則由星辰、星座、太陽和月亮的起落來決定。這些名為**賽克**（ceques）的線上有數百個聖地，每一處都有自己的慶典日，為某個特定部落所敬拜與守護。如此一來，儘管每個人、每一宗族都扎根於某地，都也能與帝國的宇宙網絡相連。在西班牙人鎮壓印加帝國最後一次大規模反抗的最後兩年，西納卡拉的聖石上神奇地出現了耶穌像。這類名為**華卡**的聖物不論是現實上或抽象意義上，都是通往聖道的驛站。在某些意義重大的時刻，例如夏至或印加帝國消亡之際，祭司會舉行獻祭。受太陽神賜福的孩童和動物會被選為祭品，從帝國各方被召至庫斯科。有一些在首都被殺掉，有些則將獻祭的部分鮮血帶回部落，然後在一定時機也同樣會被殺。隨行者經由道路抵達庫斯科，但回程則循著賽克的神聖路徑直線向前，越過高山，跨過河流，有時要走數百公里去造訪當地神廟，向圓滿的命運表達敬意。這種遊歷就如同那些犧牲的小孩，再次強化人民跟印加帝國的緊密關係，也象徵著帝國成功將安地斯山脈的懾人風景納入版圖。

庫斯科正東方的西納卡拉山谷充滿超自然的力量。山谷開口朝西對著阿桑蓋特山（Ausangate），即帝國最重要的阿普，因為祂在宇宙時空裡經由賽克跟庫斯科形成一直線，該

8・譯注：暗雲星座（negative constellation），銀河中心的暗斑投影在地面上所形成的陰影，印加文明用這種陰影判斷四季的變化。

線也標記了帝國四塊國土中兩塊國土的邊界（印加帝國在印第安語又稱為「Tawantinsuyu」，四州之國）：東南方是Collasuyo，環抱玻利維亞高原、的的喀喀湖及太陽神帝國的所有山巒；東北方是Antisuyo，有許多雲霧森林和熱帶低地，但印加帝國並未完全征服這片國土。也因此，當朝聖者從四面八方前來這座山谷敬拜星雪祭之神時，印加人世界觀和思想裡的二元對立，像是高與低、山脈與森林、文明與野蠻等，便會淋漓展現在儀式當中。

一年中大多數時候，西納卡拉山谷和聖殿就這麼靜靜地獨自佇立，只偶爾有牧羊人造訪。但在耶穌升天日和基督聖體節這兩個日期不固定的節慶之間，有七仙女之稱的昴宿星團會再次出現於夜空中，通常是在六月初。在那三天中，會有四萬名朝聖者聚集在山腳下，有人徒步，有人以騾代步，有些則是搭開放式的卡車或巴士。狹長的朝聖隊伍從道路盡頭的小村莊開始，順著步道緩慢向上爬行九公里。這條路即所謂的苦路⑨，沿路的石製祭壇和圓錐形石堆會有人停下來祈禱祭拜。每人都拿著一包小石子象徵罪惡的包袱，越往山谷走，就卸下越多石子。阿桑蓋特山巔盤旋在西方的天際線上，南安地斯山的所有部族都派了代表：保卡坦博地區的森林舞者，還有普諾地區、的的喀喀、安塔（Anta）和庫斯科平原，以及烏魯邦巴河的神聖之谷等各路人馬。騾子和驢子馱著食物和補給，所有人都徒步上山，甚至不良於行者也都拖著身體一小步一小步地前進。

在四千七百五十公尺處，即便豔陽高照，空氣依舊冷冽，但幾個小時後西納卡拉便會因為擠入許多信徒而暖和起來。氣氛歡愉而深刻，是集色彩、祈禱、舞蹈和歌曲於一身的壯麗場面。儀典的旗幟妝點了整片山坡，隨風搖曳。部落各自沿著山谷地劃分地盤，色彩繽紛的毛毯和披風連成一片，在滋養眾人的小溪兩側鋪開。叢林戰士（chunchus）頭戴鸚鵡羽毛及頭巾，身穿用胭脂蟲染成深紅的束腰外衣。來自各高地部落的蒙面男性烏庫庫（ukukus）是群山的化身，上百位魔法術士裝扮成熊，負責維持秩序、控制群眾並執行各種儀式中最重要的工作。這些群山與叢林的化身在模擬鬥爭中相遇。觀眾用這些固定劇碼去回想遠古戰役，真實發生的和想像中的，以及安地斯山脈本身兩極對立的恆久張力。當男性在跳舞作勢之際，女性則聚集在聖殿內，裡頭有上千支蠟燭散發光芒，其中有許多就像高個子小孩那麼高。暮色低垂，煙霧籠罩草地，銅管樂隊、長笛、豎琴、鼓聲，還有舞者高亢的假音及煙火的爆炸聲，刺耳聲響不斷。整整三天三夜大家徹夜未眠，舞者的跳動與儀式隊伍緩慢的鼓動氣氛讓地面震動了起來。

在歡愉和祈禱背後，這個儀式其實有極為嚴肅的目的。山神既可暴怒，亦能柔情；冰跟雪可

9．譯注：苦路（stations of the cross），是天主教仿效耶穌被釘上十字架的宗教活動。

以是力量之源，卻也可能是瘴癘之氣。另外，儘管每年確實都有朝聖者死於酷寒及餐風宿露，但冰河之所以駭人，並不是因為任何有形的危險，而是因為有永世受詛的「惡靈」（condenados）棲居。根據印加神話，烏庫庫是女人和熊的後代，為一種超自然生物，被賦予獨特的力量來對抗並擊敗惡靈。祂戴上面具，發出尖銳的吼叫，展開星雪祭節日中最危險卻肅穆的行動。烏庫庫必須背上十字架，如同耶穌基督。當朝聖行列帶著聖徒雕像穿過山谷之際，這些烏庫庫展開月光守夜祈禱，然後扛著十字架，從村裡的教堂往寇科本庫山腹爬八百公尺，將十字架插入冰河中，以儲存吸收高山和土地的能量。接著，在第三天破曉前，他們爬回冰雪中，取回那些用鞭繩捆住的十字架。此時，在遠遠的下方，數千名朝聖者正安靜地跪拜祈禱，所有目光望向山巔，向山神致敬。

在西方，晨光首先射上阿桑蓋特山，然後緩慢向下移至山腹，逐漸照亮整座山谷。太陽一出來，烏庫庫便扛起十字架往下走，穿越西納卡拉谷，循道出谷後送進卡車，回到各自的村莊。男性也從山上搬運一塊塊冰，至此信仰的循環便算完成了：人們爬到山上高處祈拜、向神致敬，然後山的精華以冰的形態回到谷中，讓大地生氣勃勃，讓家庭安康，讓動物活潑健壯。這是人類、群山和眾神間生氣勃發的關係，是代表信任與復始的互惠三角，一場為保存整個泛安地斯文化所展開的集體祈禱。

星雪祭所擁有的生命力與權威性、儀式裡寓意十足的共鳴與意涵，以及這個節日傳給年輕一代的課題，都令人看到充滿希望的未來，也讓人對歷史及印加帝國遺產有更深刻的理解。

我從西納卡拉返回庫斯科城後，跟著另一位朋友，也是我小女兒的教父萊恩哈德（Johan Reinhard）展開另一場旅行，目的地是神聖山谷下方的馬丘比丘。萊恩哈德是登山家暨高海拔考古學家，為了找尋前哥倫布時代的葬禮和祭品證據，已經爬過兩百多座五千公尺或更高的安地斯山峰。一九九五年，他寫下了歷史：在安帕托火山頂峰附近一個大多數人幾乎無法呼吸的海拔高度上，他發現了保存完好的木乃伊「冰少女」（Ice Maiden），一名在五百年前被獻給神的年輕少女。在我認識的人當中，就數萊恩哈德最了解安地斯山脈一帶土地與文化的關係。他每到達一處新遺跡，雙眼會立刻看向天際線及神聖的連綿山峰，追尋地理上的蛛絲馬跡，諸如群山眾河的方向、天體的運行，也從當下景觀中看出明日的考古樣貌，並因此解開了南美洲最傳奇的考古遺址之謎。

賓漢（Hiram Bingham）於一九一一年發現了馬丘比丘，將之形容為「失落的城市」。事實上，這個建築群一直都是印加帝國不可或缺的一部分，通往庫斯科的道路系統清晰可辨，綿延有四萬公里遠。馬丘比丘地處烏魯邦巴河上游的戰略高地，位置絕佳，既能戍守通往神聖之谷的道路，也掌控了東邊的低地、古柯葉產地、藥用植物及薩滿的神靈感應。馬丘比丘無疑是宗教中心，也是帕查庫特克[10]的皇家莊園。此人是印加帝國三位偉大統治者的第一位，打造了一個持續近一世紀的帝國。透過運河和水道的研究，萊恩哈德幾乎可以確認馬丘比丘是由一套建築計畫打造而成。這套計畫構思自印加的宇宙觀，並扎根於古老安地斯山脈的神聖地理學。設計該建築群的人爬遍周遭每座山峰，打造了一座很高的瞭望平台，以日夜觀察群山的方位及星宿的運行。這些工程並不簡單。眾山神影響了印加生活的各個層面，從土壤肥沃度、降雨預測，到整軍經武，甚而包括太陽王兄妹的幸福乃至生育能力。

印加帝國最神聖的兩座山，一座是我們方才提過的阿桑蓋特山，另一座則是馬丘比丘正南方的薩爾康提山（Salcantay）。馬丘比丘真正的阿普是華納比丘，一座可俯瞰該地的圓錐形地標山峰。馬丘比丘的神聖中心是拴日石（Intihuatana），一顆古怪的刻石，賓漢稱之為「太陽之柱」。萊恩哈德率先注意到拴日石呼應了華納比丘的形狀，石頭上全天的光線變化也仿製自華納比丘上陰影的消長。拴日石南邊幾步外有一座石頭刻成的矮祭壇。而華納比丘頂則是兩座外型相似的祭壇。根據萊恩哈德的觀察，從山峰的南北向劃一條軸，剛好會將拴日石和兩座祭壇一分為二，然後這條軸繼續往南穿越整個區域的主峰薩爾康提山的中心。所以華納比丘、拴日石和薩爾康提山剛好形成一條完美的南北向直線，當南十字星升到天空中最高點時，就剛好位在薩爾康提山峰上。銀河裡的南十字星是印加的重要星宿，這件事讓萊恩哈德注意到烏魯邦巴河，因為這條河對印加人來說正是地面上的銀河，像巨蟒一樣盤踞在馬丘比丘上，向下流入亞馬遜河。在神話中，此河是條通道，造物之神（Viracocha）在開天闢地時便是走在這條路上創造了宇宙。

但烏魯邦巴河誕生於何處？答案是阿桑蓋特山的山腹，在此可以鳥瞰今日的星雪祭。薩爾康提山的融雪為馬丘比丘帶來生機，而俯視著西納卡拉的冰河也以冰雪讓安地斯山的人民得到神啟。西班牙大征服之後的五百年，這些古老的神聖地理學信念仍舊決定、滋養了社會，也將生者與逝者、過去與未來連結起來，一切都與印加時期無異。

・・・

南安地斯山脈雖歷經了五個世紀的基督宗教嚴酷支配和統治，我們還是有機會在當地的儀式中察覺、提煉出這種原始感知。南美洲有某個地方就保有非常直接而純粹的前哥倫布時代之聲，那是一個未受外界染指、轉動緩慢的世界。在這塊染血的大陸上，哥倫比亞聖瑪爾塔內華

10・譯注：帕查庫特克（Pachacuti），此印加帝國君主在位期間約在一四三八年至一四七一年。

達山脈的印第安人從未被西班牙人消滅。這支古老文明的後裔名為泰榮納文明（Tairona），今日的人口大約是三萬人，包括高基族（Kogi）、阿爾瓦科族（Arhuacos）和韋瓦族（Wiwa）。他們在很久以前逃過死亡與瘟疫，並移居到哥倫比亞的一處山林天堂，海拔比加勒比海沿海平原高上六千公尺。過去五百年以來，他們在這塊土地上得到啟示，證實了天地間確實有一套永恆法則，能夠平衡繁複的人類心靈及大自然的一切能量。這三個民族雖然有語言隔閡，卻因神話和共同記憶而緊密相連，他們共享相同的適應之道及同樣的基本宗教信念，至今仍相當虔誠地遵循古老法則，也就是創世父神瑟蘭庫亞（Serankua）及大地之母（Great Mother）的道德、生態和精神誡命。此外，瑪莫祭司（mamos）也依舊是他們的精神導師。他們相信也清楚宣告他們是世界的守護者，並以儀典維繫生命的平衡與豐富。這些人永遠記得，他們共同的祖先泰榮納於一五九一年對入侵者發動了猛烈卻徒勞的戰爭。這段失落了三百年的歷史，讓他們在這片湮沒了三百年的山間要塞作了個決定：將文明轉型成信奉和平的文化。

瑪莫祭司一開口，我們立刻可以看出他們的參照點並不是我們這個世界，他們提到哥倫布就彷彿他才剛剛抵達這塊大陸。他們也會提到大地之母，似乎她依舊有血有肉。其實對他們而言，她真的活著，無時無刻不在*aluna*這個概念中發出洪亮回響。*aluna*指的是水、土、物質、繁衍之靈、生命力。何者重要？何者具有終極價值？何者賦予生命目的？以上種種既無法測量，也不能眼見為憑，卻確實存在於*aluna*的國度中，是一種抽象層面的意義。九層宇宙、九重神殿、嬰兒在母親子宮裡待了九個月，這些都是神聖的造物，而且彼此聲息相通。一株藤蔓也是一條蛇，群山就是宇宙的雛型。阿爾瓦科族男人所戴的圓錐形帽子代表聖峰上的雪原，一個人身上的毛髮則與覆蓋山腹的森林樹叢遙相呼應。自然中的每個元素都被賦予更高層次的意義，即便最不起眼的生物也可以是師長，從最細微的沙中也可以看到世界。

在這個宇宙體系中，人是核心。因為大地之母唯有透過人心和想像方能成形顯現。對於南美內華達山脈的印第安人而言，人並非生命的問題，而是生命的解答。他們自稱「老大哥」，並將山脈視為「世界之心」。我們這些外來者對神聖法則一無所知，卻威脅到這塊土地，因此被斥為「小老弟」。

從很多方面來說，高基族、阿爾瓦科族和韋瓦族的家園的確像是世界縮影，也因此象徵了世界之心。聖瑪爾塔內華達山脈是陸地上最高的海岸山脈，在地質上並未與安地斯山脈相連接，彷彿自成一個構造板塊獨自漂浮。外觀呈三角形，有兩個一百五十公里長的邊，依附於南美洲大陸，卻又因四周全為裂谷而與之分隔。這座大斷岩上有三十五條分水嶺，山脈總面積超過兩萬平方公里，從海面攀升到山頂冰峰只要五十公里。在高低起伏的山地和深谷中，大概可以發現地球上幾乎各種主要生態系統的代表物種，沿岸有珊瑚礁和紅樹林沼澤、西側山腹上有熱帶雨林、北邊是沙漠、東邊為灌木地，還有在雲霧間俯瞰著這一切的高山凍土和雪原，這也是祭司祈禱祭拜之處。這個接近赤道的地方，有十二小時的日照和十二小時的黑夜，有六個月的雨季和六個月非雨季，整片山脈是平衡而和諧的世界，而印第安人就以大地之母的心願維護著這一切。

依照神話，大地之母是在夢中不斷動腦，構思出九層宇宙的概念，使高山幻化成型。為了穩住整個世界，她將自己的紡錘插進世界軸心，並把大斷岩一把提起。接著她將一段棉線解開，劃出文明世界的地平線，並在內華達山脈底部勾勒出一個圓，宣告這是她孩子的家園。

這個最初的造物之舉從未被遺忘。織布機、紡織的動作，還有將部落織到大地布料上的概念，對內華達山的民族而言，一直是至為重要且栩栩如生的隱喻，清楚指引著他們的生活。他們以務農維生，為了善用各種生態區的資源而不斷移動，在炎熱的低地上收割木薯、玉米、咖啡、糖和鳳梨，在雲霧森林的寒冷霧氣中栽植馬鈴薯和洋蔥，再爬上更高的地方牧牛、收集茅草蓋屋頂。他們將這種週期性的漫遊想像成一條條線，認為這些線久而久之就能在地面形成一件防護斗篷。建造果園時，女性在南半邊播種，沿著耕地種出一列列作物；男性則在北半邊種植，方向跟女性相互垂直。把這兩半對摺，就成了一塊有經有緯的織布。果園就是布料，當人們祈禱時，手中會緊握著一小團白棉花，象徵教導他們紡織的大地之母。祈禱時雙手畫圈的動作使人想起大地之母把宇宙織出生命的那一刻。她告誡人們要保護她織出來的每一樣東西。這就是她的律法。

瑪莫祭司負責帶領所有人走上瑟蘭庫亞的道路，他們所受的宗教訓練非常扎實。年輕侍祭在小小年紀被帶離家中，或住進男性寺廟（kan'kurua），或待在緊鄰寺廟的區域，在黑暗的朦朧世界與世隔絕達十八年。兩段九年的時間很容易讓人聯想到在母親子宮裡的九個月。侍祭在整個啟蒙階段都待在大地之母的子宮裡，而在十八年期間，世界只是個抽象混沌的概念。他們在得知自己的儀式和祈禱已能維持世界的宇宙性與生態性平衡的那一刻，融入了神聖國度的文化裡。這名年輕人歷經艱辛的蛻變，然後被帶往朝聖之旅，從大海走入冰雪，從雲霧森林往上越過岩石和草叢抵達帕拉莫[11]高原，即通往世界之心的入口。他將首次發現這個世界不是混沌抽象的概念，而是千真萬確的存在，充滿令人驚歎之美。訊息簡潔明瞭：這是他要守護的一切。

11・譯注：帕拉莫（páramo），此高原涵蓋包括秘魯北部、厄瓜多、哥倫比亞和委內瑞拉等範圍。

他從海邊帶來棉花、貝殼和熱帶植物的豆莢，在高高的聖湖上回贈他所得的一切。在這裡，風是大地之母的呼吸，靈魂守護著棲息地，並負責執行祂的律法。祭品保存了生命的各種型態，而朝聖者純潔的思想就像種子。在帕拉莫高原，瑪莫祭司會採集藥草和大花高山菊（espeletia）的葉子，帶回海邊。大花高山菊在西班牙文中被稱作托缽修士，因為從遠處看，這種植物會被誤認為男人的剪影，一個迷失在捲雲迷霧裡的漂泊修士。朝聖，這種在大地上移動的活動，對老大哥來說是一種不斷尋求肯定的作為，把人類和自然結合起來，納入同一張互惠的網絡中。

自哥倫布時期以來，安地斯山脈的居民驚懼地目睹外來者如何侵犯大地之母。他們砍倒了森林，那是她身體的皮膚和外衣，然後建起大農場栽種外國作物，包括香蕉、甘蔗、大麻，現在還有古柯，用來製造非法古柯鹼。左派游擊隊和右翼非法武裝部隊受到古柯交易暴利的吸引，也為了逃避軍方追剿，雙雙進入山裡消滅印第安人。對老大哥來說，危險不止來自山下，高山上的威脅更是雪上加霜。山脈的雪原和冰河正在以驚人的速度後退，徹底改變了山上的生態。對我們而言，這些發展似乎互不相干，但對老大哥來說，這兩件事肯定互有關聯，也跟小老弟的愚蠢脫不了干係，一切都是世界末日的預兆。

我上一次待在這片山區時，跟著阿爾瓦科族的人一起翻山越嶺。這趟旅程始於納布希瑪克（Nabusimake）部落中心的一場齋戒儀式，然後前往聖湖，再回到海邊。與我同行的是維拉法納（Danilo Villafaña），他是我的老友阿達貝托的兒子。阿達貝托死於武裝部隊之手，而維拉法納如今是阿爾瓦科族的政治領袖，我還記得他還是個小嬰兒時，我在當時還很祥和平靜的內華達山脈山坡上背著他爬上爬下。暴力一直是維拉法納的生命背景，哥倫比亞革命軍及非法武裝部隊屠殺、逮捕了大量高基族、韋瓦族和阿爾瓦科族人。儘管如此，印第安人依舊力主和平。正如那天我跟維拉法納坐在納布希瑪克的小河邊時他所說的：「瑪莫祭司的靈魂世界跟槍枝的世界不能共存。」

我從朝聖之旅回來後跟吉爾（Ramon Gill）聊了起來。他是備受敬重的韋瓦族瑪莫祭司。他告訴我：「祖先說有一天小老弟會覺醒，但唯有等到大自然的暴力反撲到他身上才會發生。所以我們該怎麼做？嗯，我們並不打算開戰，我們只想讓眾人理解。我們在此心平靜氣地訴說，但願全世界都能豎起耳朵傾聽。」

二〇〇四年一月九日，國際間因古柯鹼而暴力不斷，而且在此之前的兩年間，山上已有幾百名印第安男女相繼死亡，包括多位瑪莫祭司。高基族、韋瓦族和阿爾瓦科族因此發表了聯合聲明：「有誰會付錢給大地之母來購買我們呼吸的空氣、源源不絕的流水還有太陽發出的光芒？天地萬物皆有靈魂，皆具神聖性，我們都必須加以尊重。我們的律法就是萬物本源之法、生命之法。我們邀請所有小老弟一起擔任生命的守護者，同時堅守對大地之母的承諾，並呼籲所有民族及國家團結一致。」

只要想到在我寫下這些文字的時候，這些離邁阿密海灘搭飛機僅兩小時航程的瑪莫祭司依舊在內華達山脈高處凝望著大海，為我們乃至整個地球的幸福進行祈禱，就不由得感覺自己是如此渺小。

・・・

聽到這樣的描述，我們常會嗤之以鼻，認為這種作法天真得無可救藥，或者美到不像是真的。這是我們的悲哀，每次碰到不了解的文化就做出這種反應。這些文化的深刻複雜令人目眩神移、不知所措。當英國人抵達澳洲海岸邊時，完全沒料到該地及其居民是如此精緻複雜，也無法欣賞其美妙。他們對這片沙漠的險阻毫無所知，也對原住民的成就冷漠無感，殊不知這些原住民已蓬勃發展了五萬五千年，他們既是獵人也是採集者，更是他們世界的守護者。他們一直沒想過要去改善自然世界，或去馴服野生世界。這些原住民接受生命最初的樣貌，接受整個宇宙世界，接受創世以來始終不變的萬物。在天地初分時，他們的上古始祖彩虹巨蛇創造了第一批先民，然後這些祖先再將思想、夢境和遊歷化為歌聲，唱出這個世界。

先祖邊唱邊走，時間到了，就停下腳步入睡。他們在夢境中構思隔天的計畫、創造的重點——讓所有造物相互融合，直到每種生物、每條溪流和每塊石頭以及所有空間和時間都成為整體的一部分。當他們工作到筋疲力竭後，便功成身退，隱沒到土地、天空、白雲、河流、湖泊、植物和動物中，使得這片島嶼大陸裡依舊迴盪著他們的記憶。這些先祖走過的路不曾湮沒，這些路即為「歌徑」。即便到了今天，當人們走在僵化的有形世界時，依舊會追循這些精確路線。

當原住民循線追索歌徑，並吟唱著創世的故事時，他們就變成了始祖的一員，進入夢時（又譯黃金時代）。夢時不是一個夢，也不是時間推移的單位，而是先祖的國度，是平行宇宙，一個時間、空間和運動定律失靈的地方，過去、未來和現在合而為一的所在。歐洲人只能在睡夢中接近此處，也因此這個地方以夢國度（Dreaming）或夢時聞名於早期的英格蘭移民圈中。但這個詞容易產生誤解，因為夢在西方定義中是脫離現實的意識狀態，而夢時正好相反，是真實世界，或者至少是原住民日常生活中擁有的兩個現實之一。

要走這條歌徑，就得讓自己融入這個生生不息的世界，一個已經存在且持續在成長變化的地方。因此原住民不僅是土地的依附者，也維繫著土地的存續。沒有土地，他們會死；但沒有人，持續進行中的創造過程會戛然而止，土地也隨之枯竭。人們透過行進及神聖儀式來維護前往夢時的通道，同時在先祖的世界中扮演動態且持續不輟的角色。

這一刻始於空無。有個男人或女人在走著，然後從虛空中傳出了歌聲，那是現實世界的化身，也是讓這個世界具有性格的宇宙旋律。歌曲製造了成形的震動，舞蹈則讓形狀逐漸清晰，現象學國度裡的物件於焉出現：樹木、岩石、溪流，這些都是夢國度的具體證據。一旦儀式停止，眾聲便告寂靜，一切消失無蹤。大地上的萬物都透過歌徑相繫，全都依附在亙古不變卻又日新月異的夢國度。每件地標都與源起的記憶密不可分，同時不斷變化新生。每種動物或物件都在古老事件的脈動中震顫，在夢中重生。既存的世界已臻完美，卻也不停蛻變變形。從現實世界的各個面向觀之，這片土地充滿了過去，也充滿了未來。走在這塊土地上，就是加入一場不斷確認的行動、跟著跳一場無止境的創造之舞。

十八世紀末，歐洲人湧上澳大利亞海灘，他們缺乏語言能力或想像力，甚至無法踏出第一步去理解原住民智慧與精神的深遠成就。這些人只看到生活簡單的民族，沒什麼科技成就、長相怪異、習慣令人難以理解。歐洲文明的所有標記，這些原住民都付之闕如。他們沒有金屬器具，對文字書寫一無所知，也從不熱衷播種。他們沒有農業或畜牧業，產不出餘糧，也就從來無法擁有定居的農村生活。他們的社會從未出現階級與專業分工，只有一支支小型的半游牧遊群，住在用枝條和牧草搭起的臨時遮避所內，倚賴石製武器，完全符合歐洲人對於落後的想像。尤其是英國人，他們覺得會有人選擇這樣的生活方式簡直不可思議。「與時俱進」是維多利亞時代的標記，也是當時最根本的思潮。在歐洲人眼中，這些原住民正是野蠻的化身，早期有個法國探險家將他們形容為「世上最悲慘的民族，與畜生野獸幾乎無異的人類」。

「他們比狗好不到哪去。當他朝你吠嚎的時候，你就開槍射殺，這不會比射殺狗還要嚴重。」葉慈牧師（Reverend William Yates）在一八三五年如此回憶。早期西澳大利亞有名移民者試圖合理化恣意揮鞭的行為，他提到：「要記住，土著身上都有獸皮，而不是普通人那樣的普通皮膚。」原住民遭射殺後，屍體會被當成稻草人，癱軟的屍首就這麼吊掛在樹枝上。一八七〇年，特洛勒普（Anthony Trollope）[12]就寫道：「他們注定要滅絕，而且越快越好。」及至一九

12・譯注：英國19世紀作家。

〇二年，民選議員歐馬利（King O'Malley）在國會殿堂裡起身宣告：「根本沒有科學證據顯示土著是人類。」

一九三六年的《原住民管理法》規定，西澳大利亞的原住民不能隨意遷徙，除非有州政府允許。沒有任何原住民父親或母親獲准合法監護小孩。當局可以下令把原住民遷到保護區或公共機構，或者驅逐出城。任何婚姻的正當性和合法性都由政府裁決。遲至一九六〇年代，還有一本學校教科書《澳洲動物集錦》（*A Treasury of Australian Fauna*）將原住民納入該國的有趣動物。

二十世紀初，在疾病、剝削和謀殺的聯手下，原住民人口從歐洲探險時代的一百多萬人減至三萬人。人們原本可以輕易在歌徑串連起來的土地上移動，從一個時空到另一個時空，從未來回到過去、再從過去來到現在。但是，在過去的一個多世紀中，這塊土地已經從伊甸園變成末日墳場。

你一旦了解這些原住民心靈的深邃廣博、想法和哲學之精妙、儀式之召喚威力，再接著想到這個貯藏人類潛能、智慧、直覺和視野的大水庫在死亡和戰火頻仍的幾年間已幾近乾涸，就會心寒不已。事實上，原住民的語種在雙方開始接觸時大約有兩百七十種，方言可能超過六百種，但目前正以一年一個或更快的速度消失中。現在已有一半的語言滅絕，十八種語言目前僅有約五百人使用。

事實上，澳洲原住民族的夢土代表人類思想的一場偉大試驗。澳洲大陸與其他陸地分離已逾億年，第一批飄洋過海到達澳洲的人類，正是第一批離開非洲的那群人的後代。他們踏上一塊既嚴峻又難以忍受的陸地，地球上最乾燥的陸塊。在這裡，演化本身也走上奇異之路：會產卵的哺乳類動物、巨大卻不會飛的鳥類，還有一大群生物將胚胎養育在子宮外，以囊袋安全守護著。八公尺長的鹹水鱷魚是原住民最早看見的動物之一，他們甚至有可能在海上航行時看見。那是一種原始生物，在幾乎完全沒入水中時仍然可以看、可以聽、可以呼吸。這種爬蟲類善於偷偷摸摸地突襲，捕殺所有比牠弱小的動物，也樂意敞開不是那麼溫暖的雙臂歡迎新獵物。

人類的腳步從登陸起便沒停過。隨著時間流轉，大家庭組成的小型遊群遍及大陸每個角落，建立宗族領土，然後透過共同的語言，鬆散地連結成更大型的社群或部落。宗族領土的規模取決於土地的負載力，南邊與東邊的草原和尤加利林有較密集的人群。中部和西部的沙漠罕有人居，黃沙上的人看起來有如幽靈。到了歐洲探險時代，涇渭分明的宗教圈及社會中心多達一萬個，也就是一萬個家園，每個地方都由生來便被培養成戰士的男孩嚴密戍衛。

無論地理或文化上，畫定宗族界線的，都是聖地、將族人與祖先相連的故事，以及錯綜複雜的社會關係網絡，而西方的人類學家要耗上一百年方能釐清這複雜的網絡。這當中有超過一百種具特定稱謂的親屬關係，各自代表一種特定的權利和義務，以及血緣和婚姻的規則與戒律，這些共同畫出一張社會地圖，讓每個人隨時都能謹守分際、進退有據。澳洲原住民族發明了關係母體，以此取代科技，而科技是我們最引以為傲的成就。以此，他們造出一種防護殼，與我們建造的城牆一樣令人讚嘆、舒適又完整，而兩者的目的，都是將人類與變幻無常的大自然隔絕開來。

這群人在宗族的領土內發展出相當卓越的在地知識。我最近花了一個月待在澳洲北領地中遙遠偏僻的安恆地，與傑出的男人康比翁（Otto Bulmaniya Campion）相處，還有他的大家庭，包括他的妻子克莉絲汀、他的叔叔傑弗瑞和所有小孩。我想要多了解夢國度和歌徑，知道一些我在書上沒學到的東西。起初我會發問、尋求定義，然後我發現自己有多愚蠢，接下來就只是靜靜從旁觀察。

在抵達可以紮營的死水潭（池塘或泥灘）時，康比翁和小夥子立刻放火燒草，這既能清理也能活化土地。他們沐浴時會擊打水面，讓鱷魚知道。他們會用鐵木樹樹枝燃起的煙淨身，再把泥土和紅赭石混合起來，在每棵樹的樹幹上塗上一圈。他們三兩下就整頓好整個空間，用樹枝把地掃乾淨，立好防風物，然後從白千層樹剝下一大片樹皮，充當寢具和毯子。母親和年幼的小孩睡在一個圈子內，年長男性睡在另一圈，年輕單身的男孩則在第三圈。在追捕尖吻鱸時，他們會進行一段對話，表達飢餓及需求的天性，同時向先祖和魚靈的祖先祈求食物上鉤。他們稱這裡的食物為叢林食物（bush tucker），內容五花八門：綠螞蟻、狐蝠、鵝或野生番薯藤。他們會在狩獵時蓋上泥巴以掩蓋體味，讓自己與獵物無異。有天早晨，克莉絲汀和康比翁的兒子為自己塗上紅赭石，藉此儀式訂下約定，讓男孩變身成彩虹巨蟒。

晚上大家圍繞在營火邊，康比翁與他父親的靈魂交談，一股聲音從火焰中傳出。白天時，他會用連福爾摩斯都相形見絀的嚴密邏輯推演來追蹤袋鼠。然而，獵物一旦身亡，他便會恢復崇敬。這是一種嚴格的規約，清楚說明如何對待動物屍首，以免悲慘的災禍降臨在獵人和他的部族上。動物舌頭應該小心拔出，如此小孩長大後說話就會得體、有禮。動物的雙腳應從膝蓋處打斷，好讓牠的靈魂自由，然後再按一定順序與方法摺起捆綁。切開動物的膽囊，取出寄生蟲生食，然後從動物胃裡取出尚未消化的綠色纖維，只以此調味。獵物之肉的分送則反映了親屬關係的權威，例如頭部給獵人，尾巴給配偶的兄弟，兩條後腿給第二和第三位兄弟。

當我們一起走在這塊土地上時，讓我驚訝的不止是康比翁的知識深度，還有他知道這些事情的方法。他的思考完全非線性，看起來有點像是隨意相連的神奇路徑。一長排螞蟻會導引到汗蜂，從地上挖出來的蜂窩牽連到神鳥，若談到某個靈魂，會反過來將我們帶回「晨星歌路」、「岩袋鼠的夢國度」，然後再想到白千層樹的功效、遮蔽處的來源等。印度木棉開花，意味著袋鼠幼崽已長出足夠的毛，能在袋鼠媽媽死亡後繼續存活。不知名的樹上開出黃紅色的花，類似鴯鶓脂肪的顏色，讓康比翁知道該在何時獵捕長頸龜。

光是和康比翁與他的家人在一起，就足以讓我省悟原住民從來不是真正的游牧民族。相反的，他們定居在祖先勾勒出的土地上。這是上天的指引。想像一下在你之前出現的每一代天才和智者若都專注於一組任務，專注於了解一塊特定的土地，不止是動植物，還包括每一個生態、氣候和地理上的細節，每一股有知覺的生物脈動，每一陣風的律動，每一個季節的模樣。這就是澳洲原住民的生存準則。

把宗族領土連結起來的，不是族人有形的行進，而是一股共同意念的力量、精妙但普世皆同的哲學、一種思考的方式。夢國度如前述所言，在某種層次上指的是第一道曙光出現之際、彩虹巨蟒還有所有先祖創造世界的時刻，這些也都記入歌徑中，也就是這些祖先用歌謠將世界唱活之時，沿途所經的軌跡。

但我從康比翁身上發現的是，歌徑並非筆直或線性的，甚至不必然存在於三度空間中。然而，歌徑的數量夠多，因此編織出一張涵蓋整個大陸的網。對缺乏文字的文明來說，這成了對過去的紀錄、對未來的承諾，也是一張將所有族人凝聚起來的網絡。如同康比翁教導我的，一個人的目標並非從頭至尾走一趟歌徑，而是藉此崇敬祖先，正因為他們的力量和記憶，才能為宗族領土標記出「歌徑」的通道。

更重要的是，「夢國度」並不是神話或回憶，而是在開天闢地時發生的事，還有現在及永恆的未來會發生的事。原住民的天地沒有過去、現在或未來。歐洲剛和澳洲接觸時，這裡有數百種方言，但其中沒有一種語言有代表時間的字。他們沒有線性發展的概念，沒有進步的目標，不認為改變是完美的。相反的，整個夢國度的理念是靜止、恆久、平衡、一致。人類存在的目的不在於改善任何事情，而是去參與宗教和儀典活動，這件事之所以重要，在於活動能把世界維持得跟創世時一樣。想像一下，這就像西方從一開始就把所有智慧與科學熱忱放在維護伊甸園上，讓伊甸園永遠留在亞當和夏娃展開致命交談的那一刻。

原住民的天地並非理想世界。衝突很激烈，儀式也可能極端嚴苛。僅援引一例便能清楚看出：沃皮瑞族人（Walpiri）最早學到的知識包括切割男性的性器官，使之變形。他們會垂直切開陰莖，讓陰莖完全攤開。但如同史坦納（W.E.H. Stanner）所描述，該文明的整體基調是接受信仰，沒有多少空間容納懷疑論、質問或異議。就像他所寫：「夢國度定義了過去，決定了現在，涵蓋了未來所有的可能。」

在西方傳統中，存在是種需要冥思苦想的東西。西方的思想家和哲學家跨到生活之外，省思抽象的觀念，而我們將之定義為洞察。對夢國度而言，這類思索顯得無意義且難以置信。夢國度會將個人封入信仰與信念之網，而這道網並沒有出口，因為人無法思考其想法是否謬誤。違反夢國度的律法，並不止是當下的違反，而是會反射至所有時空，延伸至無盡的過去，以及無垠的未來。其實就如同史坦納所理解的，原住民並非沒有歷史的民族。他寫道，在某種意義上，他們的文明早已超越歷史。

夢國度同時回答了「如何」與「為何」兩個問題，指出一個人應該如何生活，而人類的責任並不是改善大自然，而是讓世界永續生存。土地保育對原住民來說是最基本也最優先的。這是極度保守的意識形態，我無意評斷這是對或錯、好或壞。但這種想法有其必然結果。顯然，若全體人類都遵循原住民的方式，追隨這些首批出走非洲的人類後代所留下的智慧軌跡，我們就不會把人類送上月球。但在另一方面，如果夢國度變成了普世信仰，我們今天就毋需苦惱工業化的下場——在任何科學定義上，工業化都威脅到地球上滋養萬物的生態環境。

・・・

如同所有小說，本章的故事編織了一條回到最初的途徑。我以神聖水源地作為本書的開場。那是一個美得令人讚嘆、彷彿稀世珍寶的山谷，鮭魚的河流家園由此誕生，事實上就是**我的**家鄉，因為史提開正是我的居住之地。史提開河的河谷是我所知最棒的地方之一，而當地人也正在號召反對這些開發計畫，因為他們對土地有非常不同的思考方式。對他們來說，神聖水源地是家園，曾經是他們的雜貨店和避風港、教堂和校園、墓園和鄉村俱樂部。他們相信這個河谷最終應該屬於未來世代。神聖水源地會是他們成長茁壯的地方。伊斯庫河的長輩幾乎都在這塊土地上長大，他們已經正式呼籲結束一切在河谷及神聖水源地部落遺產園區進行的工業活動。

自二〇〇五年夏天起，伊斯庫的男女老幼，加上塔爾坦族[13]和來自電報溪（Telegraph Creek）與更遠處的加拿大原住民支持者，全年四季皆在通往神聖水源地唯一通道的路口經營培訓基地。任何可能會侵犯這片土地之人，皆被拒絕進入；接受並尊崇土地原貌者，則受熱烈歡迎。

他們跟每個人分享他們對新世紀的憧憬：以永續方式來管理他們的家園和整個省的西北半部。他們冒了多年的危險，但仍不打算放棄，因為他們的努力攸關這個北美奇特地區的存續。神聖水源地的命運其實超越了當地居民、省府機構、礦業公司的利益，遑論那些不計代價追求工業發展的少數人。甲烷氣、煤或銅的產量不論有多高，都無法彌補這塊土地的犧牲，因為這是所有加拿大人的神聖水源地，其實更是世上所有民族的神聖水源地。終究，這就是老大哥所要傳遞的訊息。

13・譯注：塔爾坦人（Tahltan）是操阿薩巴斯卡語（Athabasca）的印第安部落，位於史提開河上游及附近其他河流兩岸。

e Wind

風的世紀

Century Of T

「想要在全體人類之上建立一個以進步與科技為單一價值的普世文明，
只會剝奪與扭曲人性。
每一種世界觀的滅絕，每一種文化的衰亡，都削弱了生命的可能性。」

——歐塔維歐・帕茲（Octavio Paz）[1]

1 譯注：墨西哥作家、詩人，一九九〇年諾貝爾文學獎得主。

The ideal of a single civilization for everyone implicit in the cult of progress and technique impoverishes and mutilates us. Every view of the world that becomes extinct, every culture that disappears, diminishes a possibility of life. — Octavio Paz

人們已經尋獲伊甸園，就位在非洲西南海岸邊，離祖華希布希曼人（Juwasi Bushmen）的家鄉不遠，這些人世代與喀拉哈里沙漠的獅子和平共處。人類從非洲動身離開的地點已被相當精確地定位出來：在這個古老大陸的另一邊，也就是紅海的西岸。我們從此地出發，走過沙漠，越過白雪覆蓋的路徑，穿過叢林和山間溪流，最後找到一條路橫跨大海與珊瑚環礁，到了黑沙灘，踏上充滿神祕事物、蘊藏著希望的大陸。我們定居在北極和喜馬拉雅山、亞洲大草原的牧草地和北方針葉林，入冬後寒風無情吹襲，柳樹的汁液為之結凍，馴鹿只好嚼食曬得乾枯的樹枝。在印度的河流中，我們遇見了迴盪人心的聲音；而在灼熱緘默的撒哈拉中，我們找到了水。在路上，我們創造了一萬種生存方式。

在墨西哥瓦哈卡山區，馬薩特克族為了跟遠方溝通，學會以吹口哨模仿他們聲調語言中的音調，創造出能在風中傳送的單字。而在達荷美共和國海邊，巫毒教侍僧打開神祕之窗，探索催眠的力量，使得人類能夠輕鬆安全地在精神國度內外移動。在雲南森林裡，納西族巫師將神祕傳說刻上岩石；在奧里諾科河三角洲，瓦勞族巫師忍受尼古丁麻醉，以求得異象和靈感、雨神的知識、燕尾鳶之巢、紋章上的猛禽，還有跳舞的美洲豹。

蘇門答臘海外的西比路島上，明打威族發現靈魂讓萬物生氣勃發：鳥、植物、雲，甚至劃過天際的彩虹。這些神聖的實體沉醉於世界之美，拒絕停留在本身就不美麗的人體上。因此明打威人相信，如果大自然失去光彩，如果風光景色變得乏味，如果同為世間萬物的他們不再榮耀美的本質，太初的力量便會將現世廢為死者居所，然後所有生命消亡。明打威人為了崇敬祖先、禮讚生命，無論男女皆會獻身於追求美，精心打扮身體、銼磨牙齒，在髮間插入色彩艷麗的羽毛，身上刻上雅致的螺旋圖樣。在日常生活中，再微不足道的工作他們也總是盛裝以赴。

在日本京都比叡山中，天台宗的僧侶一天只睡兩小時，只靠一碗麵和一個飯糰果腹，然後在神聖的柳杉林裡連續跑十七個小時，為時七年。在「回峰行」的某個階段，僧侶一天要跑八十公里，連續跑上一百天。最後還有嚴峻的關卡：九天不吃不喝不睡，甚至在安靜打坐冥想時，也要讓身體暴露在烈焰的灼熱中。在過去的傳統中，無法完成訓練的人必須自我了結。他們在白色僧袍下掛著刀子與繩索，草鞋繫在背後。他們一天會穿破五雙鞋。近四世紀以來，只有四十六人完成這種苦修。這是一條啟蒙的儀式之路，帶領入門者接近死亡國度，目的全是為了讓生者了解眾生及萬物皆平等，人類也不例外，世上沒有什麼東西是永恆的。

・・・

人們常常會問，如果這些驚人、奇異的文化及信仰體系消失了，又有何妨？若你是住在溫哥華或薩克其萬省的農場或紐芬蘭海灣的安逸懷抱裡，那麼，你為何要介意某個遙遠非洲部落因同化或暴力而滅絕，他們藉著儀式表達的夢想和靈魂熱情也因此而蒸發？如果你已經有機會在前四章中思考這些問題，或許也能猜到我對這類問題最大的疑惑，那就是：如果有人非得問這個問題，那他／她真有可能理解答案嗎？

如果撒哈拉沙漠的圖阿雷格族失去他們的文化，對魁北克的人來說有關係嗎？或許沒有。就像魁北克如果失去了文化，對圖阿雷格人來說也一樣沒有影響。但我認為，失去兩種生活方式的任一種，的確會影響到人類整體。一方面，這是人權的根本議題。誰說加拿大對現實世界的觀點比圖阿雷格族還要重要？而且在更根本的層次上我們必須捫心自問：究竟想要住在怎樣的世界？大多數加拿大人都沒有機會在一望無際的白色沙漠中遇上穿著藍袍徐徐而行的圖阿雷格駱駝商隊。同樣地，我們也很少有機會親眼看到莫內的畫作或親耳聆聽莫札特的交響樂。但這是否也意味著，若這個世界少了藝術家、文化及他們對現實的獨特詮釋，也不會有任何損失？

因此我用生物學的隱喻來回答這個問題。某個單一物種滅絕會有什麼影響？想像一下，你現在上了飛機，注意到技工正在拔出機翼的鉚釘，於是你問這樣會不會出問題，然後技工說：「放心。少一個鉚釘我們就能省一點錢，而且我們至今還未出過任何問題。」或許少了一個鉚釘沒什麼差別，但雙翼最終會脫離。文化也一樣，若天台宗的僧侶停下不跑，或明打威族的小孩改變了他們的美感，變得世俗而缺乏想像，又或者納西巫師不再於石頭上寫字，放棄了原生的書寫字母東巴文，世上最後一個仍在使用的象形語言，天會不會塌下來？不會。但我們現在所談論的並不是失去單一生物或單一文化，而是人類史上前所未見的崩塌毀滅。在我們有生之年，有半數人類的語言將陷入靜默。

問題並不在改變。在西方，我們一直致力於頌揚、發展科技成就，彷彿世上其他民族都停在原地且疏於動腦。這完全背離事實。在歷史上，改變一直存在，所有地方的民族都不斷與生命的新可能性共舞，而科技本身並不會威脅到文化的完整性。拉柯塔人不會因為放棄弓箭改用來福槍就不再是蘇族人，而加拿大的農場主人就算捨馬匹馬車而就汽車也仍是加拿大人。威脅到文化完整性的，既非改變也非科技，而是權力。權力是支配的原始面貌。我們普遍認為這些原住民族，這些遙遠的他者，雖然可能奇特又繽紛，但不知為何，卻終究注定要消失。或許是因為自然法則，也可能因為他們沒能實行現代化，或是未能成功變成我們。但這些完全不是事實。在所有案例中，他們都是生氣蓬勃、活躍生動的民族，卻被來勢洶洶的外力明目張膽地逼到絕路。這樣的觀察其實很樂觀，因為這說明人類既可以是文化的毀滅者，當然也可以成為文化的保存者。

為了看清權力和文化的衝突，先讓我們回顧一下美洲大陸的歷史及第一民族中的「卡奧華族」的經驗。卡奧華族原本在密蘇里河水源區以狩獵採集維生，約莫在美國獨立革命前一世紀，他們走下山來到達柯塔草原，遇見了烏鴉族。烏鴉族教導卡奧華族認識北美大平原的宗教文化、太陽的神性、野牛的路徑，以及如何運用馬匹的力量。後來卡奧華族往北遷徙至黑山，並與拉柯塔族作戰，然後在夏安族和阿拉帕霍族的驅趕下跨過阿肯色州的水源地往南逃竄。在那裡，卡奧華族和柯曼奇族起了衝突，後來結成同盟，聯手控制了南方草原和一大群野牛。牛群在移動時，彷彿一團陰影橫越大陸。

每年盛夏當白楊樹開出白綿花時，人們會聚在一起跳太陽舞，這是靈魂重生的時刻。帳篷升起，圍成一個大圓，整個營地朝向東方升起的太陽。藥草棚屋是焦點，因為屋內的西側插著一根枝條，上面吊著太陽聖像「太彌」（Tai-me）。這是一種簡單的物神崇拜，用綠色石頭做成袖珍人型，穿戴白羽袍、貂皮頭飾和一根直立的羽毛，脖子掛著一串藍色珠子，臉上、脖子和背上都塗上顏料，這些都是太陽和月亮的象徵。對卡奧華族來說，太彌本身就是生命之源，由世襲保管者守護，收藏在生牛皮盒中，除了太陽舞那四天，從不暴露在光線下。此時此刻，太彌的力量廣澤天地：小孩和戰士舞者、放在太彌下方代表太陽的野牛顱骨、十個陳列於前的藥包、四天四夜中隨著通過的太陽逐漸轉動盾牌的人、每天無時無刻盯著太陽而犧牲視力的年輕舞者。

晚近至一八七一年，北美地區的野牛數量還超過人類。當年你只要站在達柯塔地區的峭壁邊，就可以看見方圓五十公里內盡是野牛。牛群過於龐大，得花上數天才能從你面前走完。西部傳奇警長懷厄爾普曾經描述上百萬隻動物在大如羅德島州的草原上吃草的景象，之後不到九年，野牛便在北美大平原上消聲匿跡。美國政府的政策很明確：消滅野牛並破壞北美大平原的文化。受當今天然資源保護論者敬重的老羅斯福，在當時表達國民的心境：「正義站在殖民者和拓荒者這一方，這塊廣袤的大陸不該淪為齷齪野人的獵場。」

十年內，有系統的屠殺使北美野牛稀少到變成珍奇動物，也摧毀了原住民的所有抵抗。策畫這場戰役的薛瑞丹將軍建議美國國會鑄造紀念獎章，獎章上一邊刻著野牛屍體，另一邊是印第安人屍首。一八九〇年七月二十日，當局正式禁跳太陽舞，卡奧華族和所有北美大平原文化的基本信仰行為都被禁絕，違者將被監禁關押。一八九二年春天，麻疹和流感的爆發是最後的致命一擊。

發生在美國邊疆的事也在世界各地不斷上演。一八七九年，阿根廷的羅卡將軍發動「征服沙漠」的戰役，公然宣示要將彭巴草原的印第安人消滅殆盡，奪取其土地與牛隻。塔斯馬尼亞島的人在七十五年內滅絕。基督教傳教士魏斯特（John West）合理化屠殺行為，認為他們必須清洗噁心民族的土地，他將此民族形容為「令人憎惡的夢魘」。法屬玻里尼西亞的殖民政府在一八五〇年正式禁絕玻里尼西亞的所有傳統文化，包括島嶼間的貿易和航行、宗教祈福及歡宴、刺青、木刻、跳舞甚至歌唱。一八八四年，英國殖民當局將西北太平洋的冬季贈禮節列為違法。一年後，當歐洲代表在柏林代表大會瓜分非洲大陸時，都正式承諾要全力支持「有計畫地教育原住民，教導他們了解並欣賞文明的益處」。接下來的會議促成了一八九二年的布魯塞爾法，號召全世界殖民政權要「消滅野蠻風俗習慣」。

同年，西北亞馬遜流域有四萬名波拉族和胡伊多多族人死於普圖馬約河沿岸，凶手是英國秘魯橡膠公司的貿易商和工頭。在剛果自由邦內，國王利奧波德二世的私人軍隊同樣為了乳膠這種森林裡的白色鮮血，屠殺了八百萬非洲人。一九一九年，一次世界大戰這個毀去無數歐洲青年、違反所有正直榮譽理念的全球衝突甫結束，戰勝者便群聚巴黎，然後依據國際聯盟盟約第二十二條條款，要以「文明的神聖信託」接管所有無法承受現代世界艱辛環境的部落民族，原住民被迫將面積將近全球一半的土地交給殖民政權。數百萬人死去，文明自我毀滅的腳步加劇，受害者也會加倍，一個世代之後，整個世界將離毀滅不遠。

加萊亞諾（Eduardo Galeano）將強取豪奪之後的時代命名為「風的世紀」，提醒了我們這些慘絕人寰的事件並不是發生在遙遠的過去，而是在祖父母生活的年代，且持續至今。肉體上的種族屠殺會遭受舉世譴責，但民族生活方式的文化滅絕卻在很多地方獲得認可與背書，被視為適宜的發展政策。現代化提供了剝奪公民權的合理藉口，真正的目的往往是為了要以工業規模開採自然資源，這裡是原住民世世代代居住的領土，但讓他們留在土地上顯然有所妨害。

．．．

婆羅洲的峇南河口呈現泥土的顏色。往北，砂勞越的土壤沒入南中國海，而一艘艘的日本空貨輪就懸在海平面上，迎著潮汐，等著將婆羅洲森林裡砍下的原木樹幹裝入貨艙。河邊聚落提供機會與絕望並存的背景：泥濘的伐木營地還有簡陋小屋群，鱗狀的外觀貼滿金屬片、塑膠片和拾回的木板。孩童把大桶大桶的垃圾倒入河中，伐木駁船一經過，垃圾又立刻漂回岸邊。數公里的河水塞滿了石礫和淤泥，而沿岸有數千根原木料，每疊都堆到三十根高，有些在等待裝運，有些則在熱帶高溫下逐漸腐朽。

往上游走一百五十多公里，則是另一個世界，晶瑩的河流剖開多樣而魔幻的森林景象和高聳山林，世上最廣闊的洞穴與地下通道網絡密布，這是本南族的傳統領土，這支狩獵採集文化據聞是東南亞最後的游牧民族之一。他們常在神話和日常生活中讚頌婆羅洲森林的豐饒物產，此處生物的豐富性與多樣性甚至超過亞馬遜最多產的區域。調查零碎的區塊後，雖然採樣地加起來的總面積只有一平方公里，不到溫哥華史丹利公園的四十分之一，紀錄到的樹種卻與整個北美一樣多。

游牧一詞其實容易讓人誤解，因為暗示著不斷移動且對土地缺乏忠誠的生活。事實上，本南族在森林內的遷徙是循環的，資源在哪裡，就走到哪裡，但終其一生都待在某些特定的地方。因此，森林對他們來說是一片片住宅區，雖然某種程度上仍處於野生狀態，並有潛在危險，不過，因為人類已經住了世世代代，森林本質上已被馴化，每處地形都迴盪著故事，林間小徑沿途的每個點、每個巨礫和洞穴、兩千多條奔騰的溪流，都有名字。管理守護的概念滲入本南族社會，規定人們如何使用並分配環境。個人的資源都歸親族團體所有，他們共享一堆堆的西穀米、果樹、箭毒樹、漁獵場、藥用植物等，這種家族權力獲得全體認可，並世代傳承。本南族說得非常簡單直白：「我們從森林中獲得生命。」

當我在一九八九年首次造訪本南族時，印象最深刻的是某種生命的質地，亦即人的本性，這種人性與其說是與生俱來，不如說是由生活方式塑成。他們不太有時間感，只知道自然世界的韻律、植物結果的季節、太陽月亮的推移、黃昏前兩小時出現的汗蜂、每晚六點整震動整個森林的黑蟬。他們沒有付錢雇用的概念，也不認為工作是負擔、閒暇是相對的娛樂。對他們來說，生活就是生活，每天周而復始。孩童不去學校，通常是跟在父母身邊學習。家庭或個人相隔遙遠，必須自給自足，每個人都要能作任何事，因此這裡的階級觀念淡薄。

在沒有專家、人人都可以用森林的原物料輕易做出東西的社會中，當每樣東西都要肩挑背扛，沒有誘因讓人累積物質財產時，該怎麼衡量你的財富？對本南族而言，真正的財富是人際關係的力量。這些關係一旦弱化或緊張，全體都會受苦。假使有衝突導致分裂、家庭長時間分道揚鑣，兩邊都會因獵人不足而挨餓。因此，如同多數狩獵與採集社會，他們並不喜歡直接批判別人。首要之務是群體的團結，他們極少表現出對抗和憤怒，謙恭和幽默則很常見。

他們的語言中沒有「謝謝」一詞，因為分享是義務。沒人知道誰會是下一位把食物帶回營火邊的人。我曾送給老婦人一支香菸，結果看到她撕開香菸，把一條條菸草公平分給營地中的每戶人家，即使結果是誰都抽不到菸，但她以分享為榮。在我首度造訪過後，有些本南族人來到加拿大發起活動，訴求是保護他們的森林，結果加拿大的流浪漢讓他們永生難忘。他們無法理解像溫哥華這樣富裕的地方竟然會有流浪漢。加拿大人或美國人認為無家可歸是令人遺憾但無可避免的生活面貌，本南族人則遵循古諺，認為窮人會令所有人蒙羞。的確，在他們的文化裡，最大的罪過就是「無能分享」（*sihun*）。

本南族缺乏書寫文字，所有詞彙都永遠儲存在故事述說者的腦海裡。書寫顯然是人類歷史上卓絕的發明，但本質上就是一種簡化，難免會造成甚而助長記憶的麻痺。口說傳統則使得記憶更加敏銳，他們甚至像是在跟自然世界進行神祕對話。就像我們在讀小說時，會聽到每個字的聲音，本南族則會聽到森林裡動物的聲音。森林的每道聲音都是靈魂之語的要素。樹一聽到裸喉嘯鶲的美妙歌鳴就會開花。從某個特定方向傳來的鳥類聲音代表好消息，但從不同方向傳來就可能是不祥之兆。橫斑翠鳥的呼喊、食蝠鳶的叫聲，會讓整個狩獵隊伍打道回營。其他鳥類像是捕蛛鳥則提醒本南族人去宰殺獵物。在動身前往一趟長途旅行之前，本南人必須先看到白頭鷹，並聽見冠毛雨信鳥呼喊以及赤麂發出吠鳴。

這種獨樹一幟的對話豐富了本南族的生活，但外人卻很難理解。不過還是有人做到了，其中一人就是曼瑟（Bruno Manser）。這位瑞士籍的社運人士與本南族同住了六年，後來又返回他們的家鄉，神祕地死亡。曼瑟寫道：「每天清晨一破曉，長臂猿便會嚎叫，聲音傳得老遠。森林很涼爽，樹冠上方的空氣則因陽光照射而變暖，而長臂猿就騎在這片熱能邊界上。本南族人從來不吃長臂猿的眼睛，他們害怕自己會迷失在地平線上。他們也分不清夢境與現實，如果有人夢到大樹幹掉落到營帳上，一早便會動身搬家。」

不幸的是，曼瑟在二〇〇〇年失蹤、命運未卜時，森林之聲卻已轉為機械之聲。整個一九八〇年代，當亞馬遜雨林的困境受到全球注目時，巴西的生產量還不到熱帶木材出口總量的三%，馬來西亞則占了將近六十%，大多來自砂勞越和本南族的家園。二次世界大戰之後，婆羅洲北海岸才剛開始商業開採，而且是小規模。到了一九七一年，砂勞越每年出口四百二十萬立方公尺的木料，大多來自內地的高山森林。一九九〇年，年伐量攀升到一千八百八十萬立方公尺。一九九三年，我第二次造訪本南族，當時光是峇南河流域就有三十家伐木公司，有些公司配備的推土機多達一千兩百輛，在上百萬英畝的叢林地中運轉，這些土地在傳統上都屬於本南族和其鄰人所有。本南族土地有整整七十%被政府正式指定為伐木區，非法行動更危害了剩下的大部分地區。

本南族的世界在短短一個世代內便天翻地覆。在森林中長大的女人發現自己只能在伐木營地幫傭或賣淫。這些營地的碎石和泥沙混濁了河流，漁獵不復以往。從未得過文明疾病的孩童一住進政府屯墾營地，便倒在痲疹和流感之下。本南族人選擇反抗，用藤蔓拒馬封鎖伐木的道路。這是勇敢卻不切實際的作為，用吹箭筒對抗推土機，終究不敵馬來西亞政府的力量。

政府的立場很明確。首相馬哈迪提到：「我們的政策是在最終把所有叢林居民都帶進主流。無助、餓得半死、為疾病所苦，可是一點也不浪漫。」當時的砂勞越住宅與公衛部長補充道：「我們不希望他們像動物那樣跑來跑去，沒有人能夠剝奪本南族人同化並且融入馬來西亞社會的權利。」

這就是政府的核心立場：游牧民族對這個民族國家來說是絆腳石。為了要解放落後的本南族，政府必須讓他們從真實的自己中解放出來。像本南族這樣的原住民族阻礙了發展的道路，因此人們得以合理剝奪、摧毀他們的生活方式。於是他們的消逝被視為必然，因為沒人覺得這麼古老的民族可以在二十一世紀生存。

「阻止他們進入現代世界是正當的嗎？」惱火的馬來西亞原產業部長林敬益問道：「讓他們選擇自己想要的生活方式。給他們住在紐約華爾道夫酒店兩年，讓他們擁有凱迪拉克和冷氣，每天都吃上美味多汁的牛排。然後，等他們回去後，讓他們選擇究竟想要過得像紐約客，或是熱帶雨林裡的原始本南族人。」

事實上，一九九二年就真有一支本南族代表團到紐約旅行，雖然就我所知，他們並未住進華爾道夫。十二月十日，烏魯（Anderson Mutang Urud）在聯合國大會發表演說：「政府說，這會帶給我們發展，但我們唯一看到的發展就是漫天塵埃的伐木道路和移居營。對我們來說，他們所謂的進步指的是飢餓、依賴、無助、文化的破壞，還有使我們的族人道德敗壞。政府說這是為我們創造工作，為什麼我們需要工作？我父親跟祖父並不需要跟政府討工作，他們從來沒失業過，他們靠土地與森林維生，這是種好生活。我們從來不會感到飢餓或窮困，這些伐木工作會隨著森林一起消失。未來十年內，所有工作都會不見，而已讓我們繁衍幾千年的森林也會跟著不見。」

在一九六〇年，也就是我出生後七年，絕大多數的本南族仍以游牧維生。當我在一九九八年回來做第三度拜訪時，可能有一百個家族依舊獨自住在森林裡。就在一年以前，我收到麥肯錫（Ian Mackenzie）的資料，他是加拿大的語言學家，投身於研究本南族語言。麥肯錫證實最後一批家族已然定居。這世界上極其特殊的游牧民族已連根失去生存環境，本南族的傳統家園中，西榖米和藤蔓、棕櫚樹、藤本植物和果樹全被壓倒在林地上，犀鳥與雉雞一起竄逃，而當樹持續倒塌，一種道德上具啟發性、內在具正當性且輕輕鬆鬆便能持續數世紀的獨特生活方式，就這樣在單一世代中瓦解了。

・・・

我第一次造訪柬埔寨吳哥窟的高棉寺廟時，遇見一位年老的比丘尼，她的雙腳和雙手都被砍下。那是波布②統治的時代，處決場的時代。她的罪就是信仰，而她的刑罰就是政權與意識形態的野蠻行徑，政權與意識形態否定精神信仰中的一切精微，也否定民族與文化概念，而把人類社會和精神的無限可能簡化為簡單的對抗，雇主和勞動者、資本家和無產階級的對抗。馬克思主義（一位德國哲學家在大英圖書館閱覽室裡產生的論述）在某種程度上是受笛卡兒啟發的機械論生命觀的完美勝利。社會本身是部機器，能夠受到操縱，造福改善全體人類——以上便是波布這位「頭號大哥」的想法。他認為他在幫忙，他在往前推進歷史，即便這意味著三百萬人的大屠殺。許多國家的革命幹部想要把馬克思主義思維強加在風俗習慣迥異的民族上，包括西伯利亞的涅涅茨族馴鹿牧者、馬利的多貢族（他們住在祖先的峭壁墓穴下方）、成吉思汗的蒙古後裔、寮國人和越南人、班圖人、班巴拉人和富拉尼人，這種意圖聽起來天真到近乎可笑，造成的結局也太過悲慘。「任何認為單憑一己之力就可以改變世界的人，不但大錯特錯，也極為危險。」馬修森（Matthiessen）曾經如此寫道，他心中所想的，想必就是波布、史達林、希特勒和毛澤東這些人。

在那個被邱吉爾稱之為「暴力的血腥世紀」裡，毛澤東黑暗的突出之處，在於他是最會屠殺老百姓的政治領袖。毛還有件著名事蹟：他曾在年輕的達賴喇嘛耳邊輕聲對他說所有宗教都是毒藥，當時這位圖博精神領袖就知道大禍即將臨頭。在大躍進這個規劃極度不周的運動中，中國想要集體化所有生產以成為世上最大的鋼鐵工廠，卻在一九五九年造成四千萬中國人死於饑

2・譯注：波布（Pol Pot），柬埔寨共產黨中央委員會總書記，任期從一九六三年二月到一九八一年十二月。一九七六年至一九七九年出任柬埔寨總理，曾奉行極左政策與大屠殺，期間估計有兩百萬柬埔寨人被殺。

荒。同年，人民解放軍推向拉薩，全力破壞藏傳佛教的傳統。

一九六六年，意識形態的狂熱、唯物主義的思想控制和共產主義的階級鬥爭在毛澤東所開啟的文化大革命時走到了分水嶺。文化大革命的目標是建立純粹的社會主義骨幹，淨化男女的心靈、抹除記憶，成為刻印毛澤東思想的模板。要建立真實而公正的社會，就得先破四舊：舊思想、舊文化、舊風俗和舊習慣。「破四舊，立四新」，這個官方標語預告了社會主義天堂來臨之前的最後一場戰役。

所有宗教和靈魂的信念、文化和家庭的詩學、人類和大自然的共鳴、泥土的香氣、雨水落在石頭上的意義，在毛澤東對文化大革命與極權統治的算計裡，並無存在價值。民族性只被認為是經濟不平等的產物，物質的不平等一旦消弭，民族間的差異就會萎縮。圖博，當然代表舊範例；中國，則是新典型。因此，文化大革命既暗示也要求全面抨擊圖博古文明的各個面向。超過一百萬圖博人被殺，六千座僧院和寺廟、佛塔和佛殿盡成瓦礫，被大砲和炸彈從空中和地面上炸毀。試想身為加拿大人，如果這類事情發生在我們的國家，被更強權的國家入侵，譴責我們的宗教信仰，破壞我們的基督教堂、猶太會堂、佛教寺廟和伊斯蘭教清真寺，我們會有何感受？我要強調問題不應歸罪於中國人，他們是毛澤東政權的最大受害者。這種精神錯亂是來自另一個層次的暴力，以及殖民史所產生的壓力，還有混亂的文化碰撞所造成的意外失控結局。

當我在幾年前跟兩位朋友理查（Matthieu Ricard）和巴馬（Sherab Barma）在喜馬拉雅旅遊時，這段歷史在我心中揮之不去。理查這位受到感召的作家兼攝影師，原本在巴黎的巴斯德研究院進行分子生物學的進階碩士研究，四十多年前離開學術界，出家成為圖博僧侶。十年多以來，他既是備受敬重的寧瑪派欽哲仁波切的學生，也是他的助手。今日理查在加德滿都雪謙寺的總部，依舊是達賴喇嘛的密友兼翻譯。巴馬則是傳統的藏醫，他所受的七年訓練包括十二個月在山洞內獨自閉關，每年也會返回此處冥想一個月。我們三個人在奇翁寺碰面，這所美麗僧院位於尼泊爾喜馬拉雅山上，緊倚著山腹，像個燕巢。我們從那兒前往圖滇卻林寺的聖殿，此處是八百多名比丘和比丘尼的住所，他們將生命獻給個人的覺悟以及理查所稱的「心靈的科學：藏傳佛教」。這樣的說法使我感到困惑，尤其理查一度獻身科學研究，也曾在諾貝爾醫學獎得主賈克柏（François Jacob）的實驗室工作過。

有天早晨他說道：「什麼是科學，不就是對真相的實證追索嗎？佛教不就是兩千五百年來對心神本質的直接觀察嗎？一位喇嘛曾經告訴我，西方科學所創造的所有重大貢獻，都侷限在人生的次要需求上。我們窮盡一生去追求活到一百歲，為失去一根頭髮、一顆牙齒而擔心受怕。

佛教徒則花上一生的時間去試著理解存在的本質。歐洲的廣告看板歌頌穿著內衣的青少年，圖博的看板則是**瑪尼**牆，有祝禱文刻於石上，為眾生祈福。」

理查解釋道，佛門之路的本質濃縮在苦集滅道四聖諦中。眾生皆苦，但佛陀的意思並不是在否定生命，只是說可怕的事必然發生。邪惡也並不特別，而是事物存在秩序的一部分，是人類行為的結果，或者稱作因果。引發痛苦的是無知，佛陀口中的無知不是指愚蠢，而是人類我執無明的妄念。第三諦，也就是滅諦，揭示我們能夠克服無知。而第四諦也是最重要的聖諦，道諦，則勾勒出修行方法，告訴我們只要能恪守中道，就能遠離一切痛苦，並達到真正的解脫和覺悟。這個目標並非避世，而是避免為世界所奴役。修行的目的不在於消除自我，而是消滅無知，並揭露真實的佛陀本性。本性是被埋起來的珠寶，在眾生間閃閃發亮，等待著被發掘。簡言之，佛陀的垂示，無非就是提供通向證悟的地圖。

近一個月以來，理查和巴馬帶領著我走入非凡的朝聖之旅，最終將我們帶到珠穆朗瑪峰的側翼。我們的目標並非山峰，而是一位簡樸比丘尼的居所。她名為息桑阿尼。巴馬解釋說，她年輕時相當美麗，但後來潛心修道，無意結婚。曾有富商追求她，並企圖逼婚，於是她沿著峭壁邊的公共茅房爬下逃走，徒步跨越喜馬拉雅山，最後抵達圖博，在這裡遁入佛門。後來她回到昆布谷的尼泊爾家中，開始了一生的閉關，四十五年來從未離開小房間。她與人有些接觸。有人每天送來食物，現在她年紀大了，所以行醫的巴馬時常幫她做檢查。但是基本上，她已將生命奉獻給冥想和隱居，她是英雄中的英雄，是真正的菩薩，一位已證悟卻還待在生死疾苦輪迴、在苦難與無知國度裡的悟道人，想要協助眾生解脫。

我走近她窄小房間的百葉窗，以為會看見一名瘋狂的女人。相反的，木門打了開來，露出的卻是一雙無比開心的眼眸，伴著光芒與微笑閃閃發亮。她的短髮泛灰，身形瘦小卻強壯，也只有在她雙手合十問候時，我才意識到她真的是位老者。她招呼我們吃甜點，然後立刻為複雜、浮誇而多餘的僧侶生活儀式斥責理查，她已把她的整個修行濃縮成六字真言：唵・嘛・呢・叭・彌・吽。透過佛陀的內心本質，人可以脫離輪迴，並皈依完全的純淨。在這之前，這六個音節代表了六個必須通過的境界（六道）。四十五年來，她無時無刻不背誦著這句祈禱文，致力於散播祝福和慈悲。每一口呼吸都更接近她的目標。那不是一個地方，而是心靈狀態；不是目的地，而是一條救贖和解脫的路徑。

我們跟息桑阿尼共聚一小時，之後就不再打擾她修行。當我們從村裡離開時，恰巧與一些前往珠峰基地營的登山者擦身而過。我們多數人會對這位慈悲女性的作為感到不可思議，有人或許會認為這是浪費生命，但大多數藏傳佛教徒卻也同樣感到難以理解，居然會有人想徒步攀登空氣稀薄到會讓人失去意識的高山。執著地要進入這個死亡地帶，冒著失去個人覺悟與脫離輪迴的機會的風險，僅僅為了爬山，對他們來說這是痴人愚行，真正的浪費了一次珍貴的輪迴。

佛教徒花費時間去準備迎接死亡的那一刻，而我們卻用盡大多數時間假裝那一刻並不存在。我們忙得像無頭蒼蠅，還要與時間賽跑，用物質世界的財富、成就還有各種證書來衡量並定義所謂的成功。對佛教徒來說，這是真正的無知。他們提醒我們，萬物皆有生老病死，所有的財富也如鏡花水月。每個時刻都很珍貴，而我們都可以選擇要繼續執著於旋轉木馬般的妄想，或者邁向性靈提升的新國度。他們提供了另一種選擇，不是教義，而是路徑，漫長而艱困，但在很多方面卻也很有吸引力。

佛教徒不談罪惡和審判、正與邪，只談無知和苦難，全部的焦點都在悲憫上。要在佛陀身上找到慰藉，不需要盲目地信仰，也不需要向全世界傳教，說服他人接受你的想法。佛教的核心是套智慧哲學、一組冥想修行、一條靈魂之路，一條以兩千五百年的實證觀察和演繹鋪成的路，提供覺悟的許諾。在修道中能找到平靜，這種實證表明了佛教確實是一門心靈的科學，就像掉落的蘋果向我們證明地心引力的存在。要讓大家理解我的意思可能有點困難，但這對圖博人來說就是存在。許多圖博人也不相信我們上了月球，但我們真的去了。我們可能不相信他們在此生中得了道，但他們真的做到了。

在《金剛經》中，佛陀告誡現世是短暫的，「如夢幻泡影，如露亦如電」。圖博人就是在這種深刻的理解上審度過去，也描繪未來。他們使世人自問，我們怎麼能允許這股悲痛橫掃他們的土地，為何直至今日我們還在容忍中國的暴行，任由暴行繼續瓦解圖博文化，侵犯一個對人類貢獻如此良多的民族和國家。

．．．

中國對圖博的這類暴虐統治，本質上是權力與傲慢的故事，是一個民族用經濟軍事力量強加自己的意志於其他民族身上，這種強加也是在申張知識和文化優越感。這股基本動力同樣推動著所謂的進步崇拜，而這正是現代的發展範式。有些時候國際社會可能是出於比中國更良善的動機，而決心要改變並提升別人的生活（雖然中國政府顯然堅決相信自己的圖博政策具有正當性），但對於這些民族與文化造成的破壞可能同樣嚴重。

在肯亞北部的凱蘇特沙漠，乾旱不是嚴酷的反常現象，而是常態。在乾旱中存活下來，對朗迪耶族、山布魯族、阿里爾族、波然族和賈布拉族等游牧民族來說，是根本的求生技能。為了確保血緣延續，豢養夠多的駱駝和牛隻非常重要，如此至少有些動物能夠活過乾燥的極早期，並提供必要資本讓家族重建財富。這種責任和義務相當程度決定了社會的結構、形塑了這些民族。族長為了豢養大群牲口，需要生養一大群後代來幫忙，因此這些社會傳統上是一夫多妻制。但某些男人娶了數位妻子，卻衍生別的難題：其他處於適婚年齡、有生殖能力的年輕男性沒有對象可娶。長老以釜底抽薪的方法解決這個問題：把這些年輕男子派到遙遠的營地駐紮十年，負責保護牲口免遭敵人突襲。為了讓這個與部落分離的差事具有吸引力，還將之包裝成社會地位的象徵。公眾割禮是青年生命中最大的事件，為了這項儀式，他必須受訓好幾個月去迎接踏入勇士世界的那一刻。這個儀典每十四年舉辦一次，那些共同撐過的人會終生結成同夥。如果男孩不敢在包皮上割出九道裂縫，他將使宗族永遠蒙羞。但很少人做不到，因為這可以光耀門楣。

勇士在完成身體、社會和精神的轉化之後，便移居沙漠。他們住在一起，將長在相思樹蔭底下的植物、牛奶及每晚從小母牛咽喉中取出的血混合起來，以此為食。但他們仍有性慾的問題。為了解決這個難題，勇士獲准定期回到部落。他們不可以接近已婚之婦，但可以接近未婚少女。婚前性關係是開放且可容忍的，但年輕女性一跟年長男性訂婚，便必須停止這種關係。

勇士會受邀也應該參加前任愛人的婚禮，並且要公開調侃這位取代他站在愛人身旁的老男人的生殖能力。適應乾燥沙漠的挑戰在整個文化中迴盪，也決定了這些游牧民族的生命意義。

當地在一九七〇和八〇年代出現一連串悲慘的旱災，鄰近的衣索比亞和索馬利亞也因種族衝突和戰爭而爆發饑荒，國際因此開始關注凱蘇特和毗鄰的撒哈拉以南非洲地區。社區發展組織認為薩赫爾地區惡化及人民貧困是過度放牧的結果，用學術語言來說，就是所謂「公有地的悲劇」：只要土地不屬於私人，個體的貪婪便會無可避免地凌駕群體的利益，而解決之道就是私有化，並直接引進來自美國西部的土地管理計畫。一九七六年，聯合國發起一項數百萬美元的計畫，鼓勵部落定居、加入貨幣經濟，並透過販賣牲口降低牧群規模。這種外部處方呼應了英國殖民政府自一九二〇年代起試圖將部落轉換成採定居生活的努力，但忽略了顯而易見的事實：這些游牧民族之所以能生存，就是因為已經照顧了土地數百年。沙漠就是他們的家，利用動物將牧草與灌木植被轉換成蛋白質是最有效的土地利用，也是在沙漠裡求生存的唯一方法。協調游牧生活的過程有賴親屬關係的複雜網絡，每個人的權利與福祉都與集體的命運緊密相繫。這樣的關係太過微妙，外人很難立即理解。游牧民族的天才之處，正是在沙漠裡生存下去的能力。

當一支天生要移動的民族被迫定居下來，問題就出現了。水源地成了救濟營，而這些營地會漸漸變成小城鎮，那全是無法自給自足的綠洲。賣掉動物的人變得依賴國際援助機構，這些機構發放玉米（大多是愛荷華玉米），而這是必須煮熟才能吃的食物，因此僅剩的樹就被砍來當柴。那些夠幸運的人就想辦法把長子送入傳教站受教育，打入教會的勢力範圍。

我在一九九八年行經凱蘇特，造訪了難民聚落柯爾（Korr）的傳教站，碰到優秀的喬治神父，他來自義大利，一九七五年建立食物救濟行動。那時柯爾還只是季節性的營地，朗迪耶族牧人會組成小隊伍到這個水源地游牧。一個世代後，當地已有一萬六千人、一百七十口徒手挖掘的井、兩千五百棟房子，房子屋頂全以厚紙板、粗麻布及印有國際援助組織名字的金屬片蓋成。喬治神父嚴厲的自我譴責，他告訴我：「學校教育沒有讓人們過得更好，這是我心頭之痛。那些受過教育的人並不想為他們的動物做些什麼，他們只想離開。教育不應該是離開的原因，他們應該要回來才對。」

問題出在只有少數人能回來。如同喬治神父所坦承，他們沒獲得多少識字能力，也只學到某些基本技能，但學校的氛圍與教育卻教導他們蔑視自己的父親和傳統。他們進學校時是游牧民族，畢業時卻是收銀員，再往南遊蕩到了城市，那裡官方統計的失業率達二十五%，一半以上的高中畢業生沒有工作。他們被困在兩個世界之間，既無法回頭，往前又沒有明確的道路。他們在奈洛比的街道上掙錢維生，淹沒在肯亞首都周邊像海一樣無盡蔓延的悲慘景況中。

「他們必須守住傳統。傳統才能拯救他們，因為這是他們所僅有的。他們是朗迪耶族，應該要維護朗迪耶傳統。」喬治神父這麼告訴我。

▪ ▪ ▪

人類學家瑪格麗特・米德去世之前仍在憂慮我們的世界正在形成一個看似溫和、多樣，實則單調一致且橫掃全球的現代文明。她害怕全體人類的想像力可能會限縮在單一智慧和心靈模式的窠臼裡。她的噩夢不無可能，可能我們有天醒來甚至不記得自己失去了什麼。我們的物種已經存在了約二十萬年，新石器革命為我們帶來農業，我們因此開始有多餘的財富、階層、專業分工和固定居所生活，而這一切不過發生在一萬至一萬兩千年前。現代工業社會的歷史幾乎不到三百年，如此短暫的時間不可能讓我們準備好面對接下來一千年裡人類此一物種將面臨的全部挑戰。我們所追求的，不是把人們凍結在時間裡。沒人能夠造出心靈的雨林公園，文化也不是博物館的藏品，每個文化的成員都是活生生的個體，有實實在在的生活需求。就像布洛迪（Hugh Brody）所寫，問題的關鍵不在於傳統與現代的對立，而是人應該有自由與權利去選擇想要的生活。重要的是，我們要確保所有民族都能根據自己的主張去享受現代文明所帶來的好處，並且避免危害各民族。

思考一下，當我們使用**現代性**或**現代世界**這樣的詞彙時，到底指涉什麼，這或許會有所幫助。所有文化都有民族優越感，極度忠於自己對現實的詮釋。的確，許多原住民的族名，翻譯過來的意思都是「人類」，暗指其他人都是「非人」，是文明國度之外的野人。**野蠻人**（barbarian）一字源於希臘文*barbarus*，意思是牙牙學語之人。在古代世界，如果你不會說希臘文，你就是野蠻人。阿茲提克人也有同樣概念，認為所有不會說那瓦特爾語的人都不是人類。

我們自己在文化上也很目光短淺，且常常忘記我們代表的不是絕對的歷史浪潮，而僅是一種世界觀。所謂的現代性，不論你要稱之為**西方化**、**全球化**、**資本主義**、**民主**或**自由貿易**，都不過是我們文化價值的一種表述。這些必然會受到文化影響，絕非唯一正確的歷史脈動。這不過是一系列的看法、信念、經濟範式，代表一種做事的方法、一種在安排人類活動時處理複雜程序的方法。我們的成就確實相當驚人，我們的科技創新很亮眼，在上個世紀，光是現代科學醫藥體系的發展，就稱得上是人類心血的偉大篇章。車禍受到嚴重腿傷時，你不會想要被送到草藥醫生那兒去。

但這些成就並不會讓西方範式更優越，或讓西方有權力去不擇手段壟斷通往未來的道路。如果有人類學家從遙遠星球降落美國，他／她／它會看到許多美妙的事物，但也會看見這個文化雖然崇尚婚姻，卻允許半數婚姻以離婚收場；雖然敬老，但三代同堂的家戶比只有六%；雖然愛自己的小孩，卻擁抱標語「24/7」，一天二十四小時、每週七天的全天候服務，暗示要犧牲家庭全心投入工作。到了十八歲，美國一般年輕人已經花了兩年時間看電視；五分之一的美國人臨床診斷為過胖，有六十%的人過重，部分原因是有二十%的食物是在汽車上吃掉，然後有三分之一的小孩每天吃速食。這個國家每年製造兩億噸的工業化學製品，國民卻吃掉世界上三分之二的抗憂鬱藥。最富有的四百名美國人所握有的財富，比與他們共享這星球的八十一個最窮國家中的二十五億人口還要多。美國花費在軍備和戰爭上的金錢，多過最能與美國匹敵的十七個國家的軍事預算總和。加州花在監獄上的錢比大學還多。我們迷信生產與消費的經濟模型，因此危害到這個星球的維生能力，而那抵銷了科技的進步。這種文明適合用**極端**來形容，因為我們用廢料汙染了空氣、水、和泥土，並以恐龍消失後地球上就再不曾出現的規模讓動植物絕種。攔河築壩破壞了古老森林，大批魚群消失，而我們也幾乎不干預那些會改變大氣化學和物理成分的潛在威脅。

我們的生活方式在很多方面都很鼓舞人，卻不是人類潛能的完美模範。一旦我們戴上人類學的眼鏡，可能會發現所有文化都有獨一無二的特質，都反映出許多世代以來他們所做出的選擇。人類的生活和命運很明顯沒有一體適用的發展。如果社會是以超凡的科技能力作為評比標準，西方科學實驗的光芒四射與出色高超，無疑穩居龍頭。但如果評比標準轉變成用真正永續的方式讓生命茁壯繁榮，或是對地球真正的崇敬與欣賞，那西方的典範就會敗下陣來。如果說最能驅動人類熱情的是信仰的力量、精神直覺的能力、能夠包容各種宗教憧憬，則我們那些武斷的教條又會再次不符合標準。

把自己定義的現代性當作所有人類社會必然的命運，是非常狡猾的。的確，西方發展的模型已經在很多地方發生重大失敗，因為這奠基在謬誤的前提上：假設所有遵循這個指令的人都會逐漸達到少數西方國家所享有的物質繁榮。即便這有可能發生，也不一定確實值得追求。要把全世界的能源和物質消費提高到西方國家的水準，以目前的人口預測，到了二〇〇〇年將需要四顆地球的資源。我們要用一顆地球做到這件事，就很有可能會嚴重危害生態圈，把地球破壞得滿目瘡痍、面目全非。這種價值觀左右了大多數的國際社會決策，這不是即將出現的未來，而是世界絕大多數民族面臨的現實，這種發展把人跟過去撕裂開來，推進不確定的未來，在世界經濟結構的底層苟延殘喘，毫無前景可言。

細想一下開發典範的關鍵指標。平均壽命增加代表嬰兒死亡率降低，但這根本顯露不出那些活過幼年期的人過著什麼樣品質的生活。全球化受熱烈推崇，但這到底代表什麼？孟加拉工人收取微薄工資織出的成衣在美國或加拿大要賣數十美元。在美國販賣的玩具和運動商品，有八十%出自中國的血汗工廠，那裡有數百萬人的薪資低到每小時僅十二美分，有四十萬人每年因空氣汙染而過早死亡，四億人無飲用水管線可接，因為河水摻滿了工業毒物。《華盛頓郵報》報導：在巴基斯坦的拉合爾，有位薩伊德先生在供貨給美國成衣品牌的工廠中縫製襯衫和牛仔褲，每個月賺八十八美元。他們全家六口住在單人房中，共睡一張單人床，巷子裡全是汙水與垃圾。但他現在賺的錢是上一份工作的三倍，因此他也成了全球化的樣板楷模。

毫無疑問，舒適與富裕、科技進步的意象具有磁鐵般的誘惑力。城市裡的任何工作看起來可能都好過在烈日下的土地上揮汗如雨的勞動。我們可以從很多例子中看出，世界各地的人都陶醉在新希望下，自願且認真地轉身向舊事物道別。但就如我們在肯亞所見，他們的結局可能會非常令人失望。這些跟傳統切斷連結的人，絕大多數的命運都不是獲得西方的繁榮，而是加入眾多城市窮人的行列，被困在髒亂中勉強餬口。當文化凋零枯萎之後，人們依舊活著，卻成了過去的幽靈，陷入兩難，無法回到過去，卻也沒有真正的機會一圓趕上西方的夢想，既無法實踐他們效尤的價值，也不能創造他們渴望的財富。這製造出一種危在旦夕的處境，因此，多元文化的困境不僅牽涉到懷舊或人權，更是地緣政治穩定和生存的嚴肅議題。

如果要我從梅西公民講座中濃縮出唯一的訊息，那就是：文化不是微不足道的。文化不是裝飾或藝術品，也不是我們唱的歌，或我們吟誦的祈禱文。文化是一張舒適的毛毯，賦予生命意義，也是一套完整的知識，讓個人能夠從無窮無盡的生命經驗中尋找價值，並在不具意義與秩序的宇宙中創造屬於自身的意義與秩序。文化是大量的定律與傳統，是道德倫理規範，能將人們與野蠻之心隔離開來，而歷史顯示，野蠻之心就只是在全人類社會乃至全人類的表面下方。如同林肯所說，單憑文化，就能使我們觸及天性較美好的那一面。

如果你想知道文化與文明的約束消失之後會有什麼結果，只要環顧世界並思考上世紀的歷史就知道了。人類學認為，當民族與文化受到擠壓的時候，乖謬而始料未及的信念通常會激發出極端的意識形態，即使所謂的**復興運動**這種荒唐而又誤導人的學術名詞或許立意良善。在牙買加，三百年的殖民主義一結束，就爆發獨立後的經濟蕭條，大批年輕人住在京斯敦的簡陋小屋裡，裡面或許充滿了太多大麻；拉斯特法里信徒將塞拉西這名二流的非洲暴君尊為「猶大之獅」，這看法異於常人，但終究無害。

但大多數時候，復興運動對追隨者或反抗的對象來說，都是致命的。十九世紀與二十世紀交替之際，中國義和團要做的可不止是阻擋鴉片貿易或驅除外國人。義和團拳民站出來，是為了回應西方人對古老國家的羞辱。中國長久以來作為已知世界的中心，竟在一個世代內就被不知名蠻夷登門奴役。屠殺傳教士是不夠的，他們用赤裸裸、原始的手法支解屍首，把首級展示在長矛上。

在柬埔寨，波布於國內遭法國人羞辱，出國到巴黎念書時也同樣被踐踏，於是打造了復興高棉帝國的幻想，清洗掉所有西方事物，只保留將屠殺合理化的必要意識形態。於是乎，當宏偉的十二世紀吳哥窟寺廟在內戰期間逃過被摧毀的命運時，那些戴著老花眼鏡或手無縛雞之力的學者、詩人、商人和傳教士，全都在處決場被剷除殆盡。

在剛果民主共和國，軍方把有系統的強姦當成恐怖武器，是戰爭中唯一貫徹始終的戰略。而在烏干達，無父無母的青年民兵以耶穌之名蹂躪擄掠。在賴比瑞亞，因嗑藥而神智恍惚的裸體孩童以「光屁股大隊」的名號加入戰役，這個狂熱組織由軍閥布雷希所領導，他以救世主自居，讓他們相信他的撒但式力量會讓他們所向無敵。在十四年的內戰中，他們屠殺、姦淫且吃下數千人。恢復和平之後，人稱光屁股將軍的布雷希將自己重新包裝為福音傳教士，並開始在賴比瑞亞首都蒙羅維亞的街道上尋找信徒與救贖，至今他仍居住於此。

在尼泊爾，鄉下農夫重拾史達林當年的論調。秘魯的「光明之路游擊隊」信奉毛澤東，但如果他們改而承襲印加文明後裔阿馬魯的精神，像十八世紀的原住民那樣反抗，不再蔑視那些自己號稱要代表的原住民族，或許就能實現初衷，重振國家。利馬在一九四〇年有四十萬人，如今擠入了九百萬人，而且絕大多數是窮人，住在炙熱的沙漠中。

蓋達組織成員活在兩個撕裂的世界間，以傳統歷史來合理化自己的恥辱與仇恨。他們是伊斯蘭文化中的毒瘤，既不全然屬於此信仰，卻又糾纏不清。他們就像身體上的癌細胞，必須割除。於此同時，我們必須努力釐清蓋達組織及其他類似運動的根本原因，因為合法權利被粗暴侵害的情況，在世界各地那些憤恨不平的族群中隨處可見。

我們活在一個瓦解的年代。民族國家在二十世紀初有六十個，今天則有一百九十個，但大多數都貧窮而極不穩定。真相在城市中表露無遺。全世界各地都有數百萬人為了都市化及其賦予的全部希望而住進髒亂中。墨西哥市和聖保羅的人口數量不明，也可能多到無法統計。亞洲則有許多千萬人口的城市，雖然大部分西方人都叫不出名字。接下來的二十年，世界人口會從六十億成長到八十億，而這些新增的人口中有九十七％會出現在個人一天平均所得不到兩美元的國家。

如同哈佛社會學家貝爾（Daniel Bell）所寫，民族國家已經小到不足以處理世界的大問題，又大到無法處理世界的小問題。在主要工業國以外，全球化並未帶來整合與融洽，反而帶來改變的大爆炸，將語言和文化、古老的技藝與富於想像力的智慧橫掃一空。

我們其實可以避免這樣的事。承認其他文化之美並不代表就要貶低自己的生活方式，而是帶著一點謙卑去承認其他民族儘管可能不那麼完美，卻同樣都對人類的集體文明有所貢獻，豐富了我們的觀念、信仰、求生技巧，且過去的歷史已經證明這些寶貴的遺產確實能幫助人類繁衍茁壯、生生不息。一旦明瞭這個道理，我們就能真心感受到任何一種語言、任何一個民族的消失都是悲劇。失去一種文化，就是失去我們自己擁有的一些東西。

・・・

若干年前，我在婆羅洲跟老朋友奈立克（Asik Nyelik）坐在火堆旁，他是烏邦河（Ubong River）本南族的酋長。森林裡下了一整天的雨，終於停了，奈立克獵到一頭赤麂，砍下頭，放在我們腳邊的炭火上烤著。雲開霧散，一輪滿月射穿樹冠，照亮我們的營帳。奈立克望著明月，無意間問說，是不是真的有人登上了月亮，然後只帶回一籃石頭？如果他們真的只找到那些東西，又何必大費周章？要花多久時間、用什麼交通工具？我真的不知該如何跟一個用打火石生火的人解釋這項耗費近兆美元將十二人送上月球的太空計畫，也不知要如何解釋在太空旅行幾十億公里後還真的只帶回了三百七十五公斤的岩石和月球土壤。

但奈立克這個問題的答案，在某方面來說也很簡單。我們上太空不是去攫取財富，我們去，是因為我們做得到，我們會好奇，而我們帶回來的是比金銀財寶更有價值的東西——生命本身的新視野。一九六八年的耶誕夜影響深遠，阿波羅八號從月球陰影面升起，看到月球上方浮出一顆小而脆弱的星球，漂浮在絲絨般的虛無太空之中。這不是日出，也不是月球的陰影，而是地球升起了。這個影像比無數科學數據都更能顯示我們的星球是個有限之地，一顆孤單但內部充滿生機的球體，由空氣、水、風和泥土組成的活生生有機體。第一位在太空漫步的太空人馬斯格雷夫曾告訴我，只有卓絕的科學技術才能使這個景象成為可能，但你看過那幅景象後，回頭想想我們是如何麻木不仁且冷漠無情地對待地球這唯一的家園，就會感到真正的恐懼。他補充道，然而我們也可以充滿信心地期待新時代來臨，因為所有民族和國家勢必都要有所改變。

他們真的這麼做了。不過是四十年前，光是要求民眾不要再將垃圾丟出車窗外，就被視為是一場環境大勝利。瑞秋・卡森是荒野中的寂靜之聲。不過在十年前時，警告全球暖化嚴重的科學家還被斥為極端分子，今日則是那些質疑氣候變遷重要性的人成了政治極端分子。我還是研究生的時候，**生物圈**和**生物多樣性**這樣的詞是很罕見奇特的術語，只有少數科學家熟悉，在今天則成了學校孩童的字彙。光在過去三十年就有上百萬種生物滅絕，生物多樣性的危機因而受到注意，成了我們這個時代的核心議題。儘管重大環境危機的解決之道依舊難以實現，世界上沒有政府能夠忽略這些危機的威脅之廣或困境之危急。這是文化優先次序的重新洗牌，不僅在歷史上有重大意義，也為地球的未來帶來樂觀的希望。

大家對文化的看法與評價也有類似的轉變，而且為時尚不晚。加拿大在很多方面帶頭成為多文化國家的成功典範，這個民族國家也開始承認過去的錯誤，並尋求適當的賠償方式，甚至已在擘劃一條前往多元社會之路。當我在北極旅遊時，就看到了這一點，尤其是到努納伕這塊面積相當於西歐的廣大新領土目前已由兩萬六千名因紐特人掌握行政權。除了哥倫比亞是可能的例外之外，我想不出有其他民族國家做過類似決定。努納伕的存在，就是對整個世界做出最有力的聲明，顯示出加拿大認知到獨特的種族、原住民並不會阻礙國家命運。相反的，只要有機會，他們對國家也能有所貢獻。他們文化的存續並不會危害民族國家，如果該國願意擁抱多元文化，這些文化其實有助於豐富民族國家的內容。他們並不是現代性的失敗嘗試，也並非不知為何就錯過歷史科技列車的邊緣民族。反之，這些民族擁有獨特的夢境與祈禱、神話和記憶，這些教導我們，確實有其他活在世上的方式，對於生存、新生、死亡和萬物，都可以有其他觀點。當一個民族國家準備好去接受這個事實時，對世界上所有民族來說當然是極大的鼓舞。

當你思考一下加拿大人走了多長的路才重新界定了這種關係，這種想法的力量就會更形強大。特別是對因紐特人來說，原本的文化衝突造成了強大傷害。當英國人第一次抵達北極時，他們把因紐特人當作野人，而因紐特人則把英國人看作神明。他們都錯了，但其中一邊比較尊敬人類。因紐特人的科技只足以讓他們在象牙、骨頭、鹿角、滑石與石板上雕刻，但他們卻仍然可以在北極生存下來。這是何等不可思議的天才！可惜英國人不懂得欣賞這一點。雪橇下方的冰刀原本是用魚做成的，三尾北極紅點鮭排成一排，包裹在北美馴鹿的毛皮中冷凍著。因紐特人不怕寒冷，而是善用寒冷。

歐洲遠征隊仿效他們的方法，在探勘方面達到卓越的成就，沒這麼做的人則以悲慘的死亡收場。富蘭克林勳爵的手下就在阿德萊得半島的飢餓灣凍死。他們僵死在雪橇的纜繩上，雪橇以鐵與橡木製成，重達兩百九十五公斤，上方還載著三百六十三公斤重的平底漁船，裝滿了英國海軍軍官的家當，包括銀製餐盤，甚至還有一本小說《威克菲德的牧師》。他們或許想要把這些東西拖過冰川、穿越廣大的北方極地森林，還眼巴巴地以為能夠遇上另一艘船，或者找到哈德遜灣公司的前哨基地。

相較之下，因紐特人則是輕裝在陸地上移動。我曾經與幾個從北極灣來的家庭在巴芬島頂端克勞福角（Cape Crauford）的狩獵營中待上幾天。每年夏天六月，在地球上最壯觀的動物遷徙中，有一千七百萬頭海洋哺乳類動物返回北極，通過蘭開斯特海峽的汪洋。切開巴芬島北海岸的阿德莫拉提峽灣依舊冰封，獵人沿著浮冰邊緣冰海交界處遊走，傾聽混著海風的鯨魚噴氣。在某個白天或晚上（六月的太陽永遠不會落下），納奇塔維克（Olayuk Narqitarvik）跟我說了一個傳奇故事，那是在一九四〇年到五〇年代，這個國家歷史上的黑暗時期。當時加拿大政府為了在北極建立主權，強迫因紐特人遷入指定定居處，有些例子還將所有人口從他們的家鄉移居到幾百公里外。那時有個老人拒絕離開。他的家人擔心他的安危，於是拿走他的所有工具和武器，如此一來他就不得不離開這片土地。老人在冬天暴風雪中走出冰屋，排便，將排泄物磨成一把冰刀，接著吐了一口水，讓冰刀變鋒利。然後，他用這把以寒冷鍛成的糞便刀殺死一隻狗，把狗的胸腔做成雪橇，把皮毛套在另一隻狗身上，消失在黑暗中。雖然這個故事很可能是出於杜撰，但我真的在丹麥探險家弗洛全（Peter Freuchen）的極地日記中找到這樣的器具參考文獻。不論是真是假，這都是因紐特人的創造力與靈活變通的絕佳範例，讓他們得以生存的文化特色。

我在最近前往北極的旅途中回想這件事。那次我和加拿大導演葛雷格（Andy Gregg）跟著泰歐・伊庫瑪克（Theo Ikummaq）和約翰・阿那席克（John Arnatsiaq）還有一群伊格魯利克獵人前往海洋浮冰尋找北極熊。我們行進至離岸約一百五十公里處，在酷寒的風中，溫度徘徊在攝氏零下五十度左右。我們的雪地摩托車拖曳著滿是貨物的雪橇（*kamotik*），撞上浮冰，失控旋轉，強大的衝力撞飛了駕駛與摩托車，其中一塊滑雪板扭曲成八字形，另外一塊則完全扯裂。然後我瞠目結舌地看著泰歐和約翰把金屬敲平，用來福槍近距離在金屬片上炸出四個洞，用一個小鐵塊充當螺絲鉗，從曲棍球桿上找來一塊薄金屬片，然後在二十分鐘內把所有機件全部組裝回去，入夜後我們便繼續上路。幾天之後，駕駛才一派輕鬆地提到他在那場意外中摔斷了一隻腳掌。

泰歐和約翰從小一起長大，而他們的經歷在很多方面都是二十世紀因紐特人故事的縮影。伊格魯利克是今日努納伏的文化中心，在歷史上罕與外界接觸。一八二一年到一八二二年間，裴瑞③率領英國海軍的兩艘船在岸外冰洋裡過冬。一八六七年還有一八六八年，美國探險家霍爾在找尋富蘭克林遠征隊的生還者時也經過此地。法裔加拿大探勘者崔布雷（Alfred Tremblay）在一九一三年時短暫造訪此處，弗洛全也在一九二一年參與羅穆森（Knud Rasmussen）的第五次北極遠征隊時到過這裡。但當時歐洲人的活動範圍都僅止於此。

一八八〇年，英國人正式把北極交給加拿大統治，但伊格魯利克第一次與外界有持續性的接觸，則是在一九三〇年代天主教傳教士抵達之時。傳教士的當務之急是破壞薩滿的力量與權威，薩滿是文化中樞，是因紐特人跟宇宙雙方關係的核心。傳教士為了鞏固西方文明，勸阻當地居民使用傳統姓名、歌謠和語言。一如既往，貨品貿易顯然具有誘惑力，會把人吸入教會，讓人背離土地。在一九五〇年代站穩腳跟的行政當局鼓勵這個過程，犬瘟熱大流行則讓當局能夠合理化對因紐特狗隻的大批屠殺。

一九六〇年代初期引進的雪地摩托車，進一步加強當地人對貨幣經濟的依賴。家庭津貼的發放得視小孩上學的情況而定，創造出另一個定居誘因。政府也進行人口普查，但因為因紐特名

3・譯注：裴瑞（William Perry，一七九〇—一八五五），英國海軍軍官暨北極探險家。

字難以謄寫，他們用號碼來分辨因紐特人、核發身分牌，接著最後實施「取姓行動」，這個詭異的工作是指定姓氏給從來沒有這些姓氏的人。不少因紐特狗被登錄為加拿大公民。最後一擊在一九五〇年代，當時正在與肺結核搏鬥的政府把所有因紐特人撤到醫護船上檢測。若檢查結果是陽性（五人中約有一人），就立刻用船送往南部治療，而很多人再也沒回來。對被撤離的人以及留下來的人來說，心理的衝擊都非常強烈，而那些被迫與就學的孩子分離的父母，也有不下於他們的慘痛經驗。泰歐和約翰在六到八歲的時候被送往南方八百公里外，進入柴斯特非小灣的寄宿學校就讀。他們在這個不准說母語的學校待了七年，而泰歐還曾經被神父侵犯。

當他們終於獲准返家後，家人立刻把他們帶回大地懷抱，今天的泰歐將其形容為救援任務。回家幾年後，他回憶道：「他們將我們變回因紐特人了。」

他重生的高潮是一趟狗拉雪橇的壯遊，從伊格魯利克橫跨巴芬島共一千八百公里，從北邊沿著埃爾斯米爾島岸邊走，然後跨過史密斯海峽，抵達格陵蘭。泰歐覺得他可能有親戚住在這個世界最北棲息地卡納克的小型因紐特部落中。結果還真的有，他們全都是傳奇薩滿奇拉蘇雅克（Qitdlarssuaq）的後代，是六個家庭組成的遊群。他們在一八五〇年代往北遷，花了整整兩年才抵達格陵蘭，而泰歐以兩個月完成這趟旅程。我和葛雷格邀他一起回去，搭包機只要六個小時。飛機飛越巴芬島時，我們從泰歐的表情看出事情不太對勁。那時是四月天，而我們的飛行航道正帶著我們往北極南邊十二度的方向走，結果海冰不見了。泰歐曾駕著雪橇橫越的史密斯海峽現在是一片汪洋，他不敢置信地凝視著機窗外，一滴淚珠在他眼眶裡打轉，他自言自語說：「冰層應該要在十月就結冰了，今年卻到二月才結冰。伊格魯利克本來有知更鳥，但我們現在連跟鳥群說話的機會也沒有。」

因紐特人是冰之民族。身為獵人，冰是他們的生存之道，而其民族性與文化的核心也受到冰的啟發。爾利奇（Gretel Ehrlich）在格陵蘭跟北極愛斯基摩人住在一起八年，她指出，正是冰的本質樣態，也就是冰隨著四季移動、後退、融化和重組的方式，讓因紐特人的心與靈魂那麼靈活。她解釋道：「他們對永恆沒有幻想，沒有時間去後悔，絕望則是違反想像的罪惡。他們在曠野中求生存，因此情感比都市人還要豐沛。他們每天都在跟死亡打交道。為了生活，他們必須殺了最愛的東西。冰上的鮮血不是死亡之兆，而是對生命的肯定。吃肉成了如聖禮一般莊嚴的經驗。」

我們降落時，爾利奇在卡納克等著我們。同行的還有她在北方的心靈導師詹斯，他壯碩如熊，有寬廣的心胸及獵人的精湛技巧。跟泰歐一樣，詹斯也用狗完成壯遊，但他的情況是回溯羅穆森第五次極地長征的路線，一路從格陵蘭橫越加拿大頂端到達遙遠的阿拉斯加。在詹斯、泰歐這兩位好手的陪伴下，我們計畫要花個兩星期在凱凱塔蘇瓦克島西岸後方打造冰上狩獵營，離卡納克有兩天行程。我們要靠狗拉雪橇到那邊。所有北極的因紐特部落中，只有卡納克早已禁止使用雪地摩托車。他們的智慧讓他們發現保有雪橇狗才是他們的文化支柱。狗兒能夠讓這些家庭脫離貨幣經濟的桎梏，也讓每趟旅程可以無遠弗屆。獵人的技術因狗而精進，因為他必須源源不絕提供肉食，而狗也讓人在夜裡安全無憂。如詹斯所言，如果你是狗的主人，你就是生命的主人。

經歷過碰碰咚咚地在雪地摩托車上以高速奔馳數百公里，搭配著刺耳的引擎嘎嘎聲之後，用狗隊緩慢卻平穩的步調前往春天冰層，還真是美妙的享受。這是場夢境般的活動，是一首鋼製冰刀劃過柔軟雪地的寂靜之詩。土地看起來像是從地平線升起，我不知為何想起雙身獨木舟和尋路人，以及奈諾亞常說獨木舟是從不移動的神聖中心，船隻是等待島嶼自己從海中冒出來。泰歐和詹斯就是領航員，他們不止是地形的導航員，也是文化存續及民族的導航員。泰歐早在一個星期之前就告訴我，你不可能在北極迷路，當時猛烈的暴風雪遮去了天空，我們八人不得不在三平方公尺不到的夾板屋裡瑟縮三天。當泰歐在烹煮北極紅點鮭魚時，詹斯一一述說他殺掉的二十一隻北極熊，以及另外十二隻差點殺死他的熊。你要做的事就是讀雪。盛行風會把所有漂流物都吹得朝向西北，大小皆然。在黑暗中，就算是高速奔跑，泰歐只消把腳放在地上，就知道自己正在前往何方。

我們一抵達凱凱塔蘇瓦克島，便發現狗的功能有限，因為冰層中有龐大開闊的海水裂隙，我們只能搭船狩獵。詹斯相當震驚，他從來沒在四月天看見汪洋。在因紐特語中，*sila* 這個字同時有天氣和意識的意思，天氣將動物帶來或帶走，能讓人生存也可致人於死。詹斯解釋說，冰層過去會在九月結冰，然後持續冰凍到隔年七月。結果現在十一月才結冰，到隔年三月就不見了。狩獵季節在一個世代中被活生生砍了一半。爾利奇告訴我，去年夏天她跟著詹斯一起去獵捕獨角鯨，每天都下雨。有天下午他們獨自站在陸岬看著大海。詹斯說道：「這不是我們的天氣，這天氣從哪裡來的？我不了解。」

這是北極的悲劇，也有可能是一則啟示。這支民族忍受了這麼多苦，傳染病、寄宿學校的羞辱和暴力、社福體系固有的貧窮文化、暴露在毒品和酒精中導致自殺率高出加拿大南部六倍之多，現在他們就處在政治、社會及心理文化重生的前夕，卻發現他們還要面對無力可擋的力量。冰層正在融化，隨之而來的，很可能就是生活方式的消融。

．．．禍兮福所倚。二〇〇八年，人類首次變成主要居住在城市的物種。在一八二〇年，唯有倫敦的人口超過一百萬，今天卻有四百一十四個城市達到同樣或甚至更大的規模，而且在三十五年後，人口統計學家預測會超過一千個，其中有許多城市都是照著奈及利亞首都拉哥斯這種地方的模式走。拉哥斯在一九五五年有四十七萬人口，到了二〇一五年，預計會有一千六百多萬人。城市居民被隔絕在都市空間裡，有許多情況甚至是早就住在有毒的環境中，這些人不會最先注意到全球氣候變遷的後果。將近十五年前，我跟因紐特的長老庫努坐在巴芬島的岸邊，看著他小心地用象牙海鷗的羽毛清理雪地摩托車引擎的化油器。他不會說英文，而我不懂因紐特語。在納奇塔維克的翻譯下，庫努告訴我整個北極的天氣已經變得有點古怪，太陽一年比一年熱，而且根據他的說法，因紐特人第一次罹患由空氣導致的皮膚病。

人們才剛開始感受到氣候變遷的影響，大氣層的二氧化碳濃度達到六十五萬年來的最高峰，海洋正在變暖變酸，作為海洋食物鏈基礎的浮游生物，數量從一九六〇年起減少了七十三％。各處的天然棲地都受到威脅，安地斯山脈雲霧森林、亞洲大草原的牧地、亞馬遜的低地雨林，還有從「非洲之角」到茅利塔尼亞大西洋岸邊的整片撒拉哈沙漠以南乾燥帶。世界上有一半的珊瑚礁不是已死就是在垂死掙扎。在目前所知的範圍內，北美史上最嚴重的蟲害破壞了美國西部的數百萬公頃森林，光在英屬哥倫比亞就有超過十三萬平方公里的柱松遭殃，現在更蔓延至亞伯達省，威脅到副極地的北方森林。在太平洋和印度洋，馬爾地夫等島國為了應付海平面劇烈上升的風險，已經制定緊急應變計畫，撤離所有人口。

但最急迫的威脅，可說是出現在高山冰原這些所有世界大河的誕生地。在圖博高原，這個黃河、湄公河和揚子江、雅魯藏布江、怒江、象泉河、印度河和恆河的源頭，至少從一九五〇年起，消融的雪都比積雪還要多。這些冰河不止向後退縮，內部也不斷融化。依保守估計，中國的冰河有六十%會在這個世紀結束以前消失，而全球有一半的人類仰賴這些河流。光是印度次大陸就有五億人的用水取自恆河。對八億名印度教徒來說，這條河是「恆河媽媽」，是最神聖的河流。乾季時，恆河有整整七十%的河水來自根戈德里冰河，而這條冰河正以將近每年四十公尺的速度後退。就目前的預測，如果該冰河完全消失，恆河在我們有生之年就將成為季節性的河流。無人膽敢預測這對印度經濟、政治和心理的影響。印度在二〇〇七年發生了一場暴動，只因當時有幾百位朝聖者發現，位於海拔三千八百公尺處、印度教的神聖神殿阿瑪納斯石窟裡世代以來被視為濕婆神神聖形象的陰莖形狀石筍冰柱已經融化。

這場危機的凶手根本不是遍及世界各地的高山民族，然而他們不但在生活中目睹氣候變遷的衝擊，還為問題負起責任，而且通常是專心致志，讓我們許多人感到汗顏。供養南美洲西海岸的淨水有八成是來自安地斯山脈的冰河。冰河以非常顯著的速度後退，前往星雪祭的朝聖者相信是因為山神發怒了，他們無法把冰從西納卡拉再帶回部落，而唯有把冰帶回來，才能完成朝聖之旅的神聖循環，讓每個人都受惠於天賜的恩典。在哥倫比亞聖瑪爾塔內華達山脈中，瑪莫祭司觀察到每季的雪與冰原節節後退，而這些對他們來說就是世界的心臟地帶。他們也注意到鳥類、兩棲類和蝴蝶的消失，還有正在逐漸乾涸的帕拉莫高原也出現不同的生態特質。他們已經增加宗教儀式和政治活動，也正式呼籲「小老弟」停止破壞世界。在坦尚尼亞，查加族抬頭看著在一個世代內就失去八十％山頂積雪的山，不知道他們的土地接下來還會發生什麼事，若吉力馬札羅火山不再閃耀在這塊古老大陸上，非洲還是原本的非洲嗎？

．．．

本書內容都在探問「為何古老智慧對現代社會很重要？」這個句子有點瑕疵，原因是，這似乎暗指如果他們真的很重要，是因為我們遇見的這些優秀民族都是被困在時間裡退化的古老之音，充其量只能在當代生活中扮演含糊的諮詢角色。事實上，所有我在本書中提到的文化：圖博人和桑族、阿爾瓦科族、韋瓦族和高基族、卡奧華族、巴拉薩那族、馬庫那族、本南族、朗迪耶族、塔爾坦族、吉特克桑族、威特蘇威登族、海達族、因紐特族和玻里尼西亞的所有民族，都還非常活躍，不止在為他們的文化存續奮鬥，也參與決定未來地球上生活樣貌的全球對話。目前有一千五百種語言聚集在網際網路上進行交流，數量每週都在增加。為什麼他們的聲音應該被聽見？原因很多，其中許多我至少已經間接在本書中略微提及。但總結來說，就是**全球暖化**這幾個字。世上還沒有哪個重要科學家開口質疑這個危機的嚴重性與效應，或去質問是什麼因素、決策和價值取向導致全球暖化。全球暖化是某個特定世界觀點帶來的後果。就像哈特曼（Thom Hartmann）所寫，三個世紀以來，我們已經耗盡世界所擁有的古老日光。我們的經濟模型應該要是圓形，但卻變成拋物線或箭頭式。在一個資源有限的星球上追求無限的經濟成長，還把這當作幸福繁榮的唯一指標，這無異是集體的慢性自殺。在追求經濟利益與制訂政策時否認或蔑視對生態系統可能造成的傷害，是在自欺欺人。

這些聲音都很重要，只要我們還可以聽見，就代表這個世上真的有替代方案，人類還有其他方法能夠適應社會、精神和生態的空間。我並不是在建議天真地放棄一切，然後試圖模仿非工業化社會，或者要求任一種文化放棄受惠於高科技的權利，而是要明白現在走的這條路不是唯一可行的路，並從中獲得啟示及寬慰，我們的命運也不必由這一連串在實證上與科學上都證明並不明智的選擇來決定。世界的文化多樣性確實存在，這是那些聲稱人不能改變的有力反證，證明了他們的愚蠢。我們都知道必須這麼做，這是居住在這個星球的根本之道。跟我一起登山的朋友曾說過，登上珠穆朗瑪峰最美妙的事情，就是領悟地球上竟有這樣的地方：你一早起床，綁好鞋帶，單憑己力，一天內就能進入空氣稀薄到人類無法生存的地方。對他來說這是天啟神示，他對這層讓人類得以生存在地球上的薄薄大氣有了全新的看法。

．．．

幾年前我踏上旅途，從廷巴克圖往北一千公里進入撒哈拉沙漠，最後抵達陶德尼的古老鹽礦區。我和幾個朋友和同事走在駱駝商隊的路線上，其中包括加拿大攝影師瑞尼爾，他已走過此路線數次。駱駝商隊曾經是西非貿易的主要動力，在葡萄牙人找到航線越過貝南灣、西班牙人發現並搜刮美洲的財富之前，歐洲有三分之二的黃金是從迦納和非洲海岸經撒哈拉移往摩洛哥，總計要走上五十二天。廷巴克圖位於馬利，距離尼日河大彎道北方約一天路程，在當時成為西邊沙之海最重要的口岸。當巴黎和倫敦都還是中世紀的小城鎮，廷巴克圖是擁有十萬人的繁盛中心，有一百五十所學校和大學，還有兩萬五千多名學生在研讀天文學和數學、醫學、植物學、哲學和宗教，是足以與大馬士革、巴格達和開羅抗衡的伊斯蘭文化及知識中心。古希臘知識能夠存續下來並啟發文藝復興，是因為有偉大的伊斯蘭學者如伊本西那的紀錄及保存，他的作品讓聖多瑪斯認識亞里斯多德和他的哲學思想。我在廷巴克圖手握一份飾有黃金浮雕的文件，正是伊本西那寫於一〇三七年的手稿在十三世紀的抄本。

今天的廷巴克圖卻幾乎被人們遺忘了，既乾燥又滿是沙塵，極度炎熱。一九一四年，法國人在掌控這個城市時沒收了古代手稿，以坐牢威脅學者，並教導孩子他們的祖先不是阿拉伯人或柏柏人、塔馬奇克人或圖阿雷格人，而是高盧人。他們也打擊鹽礦貿易，傾銷馬賽的便宜海鹽，目的不是出於經濟競爭，而是因為傳統貿易有其象徵上的重要性。陶德尼的鹽是撒哈拉沙漠的黃金，因為有療癒的功效，在整個西非地區相當受到珍視，而隨著鹽的貿易而形成的移居文化也成了這個民族的特色。阿拉伯男孩必須餐風宿露跨越沙漠，二十天來每段路都得靠著駱駝走過，否則他不能結婚，或者不能被視為男人。廷巴克圖的老教授歐德（Salem Ould）形容這趟旅程是耐力的考驗、體力與精神的蛻變過程，讓這個孩子能夠成為自己意識的主人。他說：「年輕人在漫無止境的沙海中了解到天外有天，他只是宇宙中的小分子，有一種更崇高的存有管控這個世界。這喚醒了年輕人尋求神的渴望。他們一走到鹽礦地，便召喚造物主的神聖之名。沙漠磨出了他們的虔誠奉獻。」

我們旅程的嚮導是可敬的長者歐瑪，他曾經僅靠無線電聽對方描述所在位置的沙子氣味與顏色，就成功找到失蹤的一群外籍軍團士兵，因而成名。這個故事並不令歐德教授感到意外。「他們了解沙漠，就像水手了解大海。起風時，他們就是能知道這是什麼風。雲層一聚集，他們就能夠聞到雨水的味道。渴了，就能辨識出水的氣味。他們跟駱駝建立了兩千年的信任關係，因此知道自己可以閉上眼睛，然後駱駝就會帶著他們回家。幾個世紀以來，曾經跨越撒哈拉沙漠的人都知道這其中的知識。」

我們開著吉普車往北前進，疾駛過這片地面堅硬泛白的平坦盆地，歐瑪有時會發狂似地指出這條路那條路。當我們慢下來小心翼翼地通過柔軟沙地或在井邊取水時，他留意沙丘的走向、沙子的顏色與質地、風在沙漠植物背風面吹出的紋路。他帶著一只老舊的法國軍事指南針，偶爾躺成大字形測量方位。不過，他真正的指南針顯然在心中。被問到是否迷路過的時候，他回答說，在沙漠中掌握方位是罕見的天賦，如果他不太確定的時候，他就只是坐著不動，然後等待真主阿拉的指示。

接下來幾天發生了兩件奇特的事。鹽礦本身就像聖經的場景，一堆堆挖出的廢土丘在古老河床的平坦地平線上堆疊了數公里。男人打著赤膊，用十字鎬將厚厚一片鹽塊從地下礦坑長得像洞穴的裂縫中鑿下，皮膚因鹽粒而裂開。我們同行的圖阿雷格人穆罕默德看了一眼說：「我不會帶我太太來這裡。」我問這群男人的國籍，他們回答說：「這裡的人不分國籍。」

我們在最後一天遇見一名坐困愁城、債務纏身的男子，他雖然比我年輕，身體卻因在礦坑中待了二十五年而飽受摧殘。他獨自住在用粗鹽磚蓋成的小房間內，唯一的財產就是生鏽的油桶和破爛的連帽斗篷，一件粗糙羊毛披風加上頭巾保護並遮蓋著臉。他有對羚羊般的眼睛。整整八百年季節性採礦的歷史中，他是唯一已知在此處待上一整個夏天的人。他能活下來是因為在夜間工作，然後在黎明來臨前溜到遠處的井邊，在那種能把沙化掉的溫度裡獨坐一整天。讓他受苦已久的債務比在多倫多一家高檔餐廳的晚餐花費還少，但這筆債款已讓他與家人分離了二十年。我和瑞尼爾給了他錢——很謹慎而不冒犯。他只說**感謝主**。當我們離開小屋，一場沙塵暴呼嘯過鹽礦場，像一層薄紗罩在他身上。我們從來不知道他故事的真假，或者他是否有挨打或被搶，抑或其實是意外買到了他的自由。

在返回廷巴克圖的路上，我們碰到一組先前北上時就遇見的商隊。當我們抵達陶德尼時，一場怪異大雷雨搗毀了營帳，看來那雷雨顯然也橫掃了全國。鹽一旦濕掉就會粉碎，然後價值盡失，這些年輕人只好停在沙漠中曬乾鹽塊。他們耽誤了關鍵的三天行程，等到和我們再次相遇時，他們只剩下最後一、兩公升的水。這六個男生距離最近的水井有一百五十公里，身邊是珍貴貨物以及二十多隻相當於家族所有財產的駱駝，但他們一點都不恐慌。我們停車後，看到他們有位同伴和一隻駱駝彷彿海市蜃樓在東方地平線上閃閃發亮，顯然他們知道地底下有個坑窪，大概在二十五公里外，只要掘到足夠的深度就可能有水。

如果沒有食物，身體大概能撐個幾星期；沒有水，就只能活幾天。在沙漠中如果沒有水，入夜就會精神錯亂，隔天早上嘴巴便會大張迎向風沙，甚至雙眼也會看不清現實，肺部還會發出奇怪的聲音。撒哈拉沙漠中的貨車走私犯說，煞車油的好處，是讓你不會想去喝電瓶的硫酸。

在我們等待這群人的朋友回來時，他們的領隊穆罕默德用樹枝生了火，以僅剩的儲水泡茶給我們喝。據說在撒哈拉沙漠，帳篷前一旦有陌生人出現，你連那隻唯一能餵養小孩羊奶的山羊都要宰來款待客人。沒人知道你說不定會在哪個夜裡出現，飢寒交迫、口乾舌燥又需要落腳處。我看著穆罕默德倒茶給我，心想，正是這樣的時刻，讓我們繼續保有希望。

Annotated Bibliography

注釋書目

剛接觸現在的梅西公民講座時，我深感榮幸，卻又沒來由地遲疑，因為當時我已出版了一本小書：《世界盡頭的光明》（*Light at the Edge of the World, Vancouver: Douglas & McIntyre, 2007; 2001* 以攝影書首次出版），這本書的長度很符合梅西公民講座，其議題和主題也很吸引加拿大廣播公司。我擔心這個知名的知識之泉可能會枯乾掉，但結果證明這個挑戰很成功，因為這迫使我重新思考舊觀念，梅西公民講座甚至提供平台讓我探索了許多新穎事物。

我在文集《雲豹》（*The Clouded Leopard*）中首度描述語言的消逝，該書由 Douglas & McIntyre 在一九九八年出版。之後寫了〈消失的文化〉一文，登上一九九九年八月的《國家地理雜誌》。二〇〇〇年，我受邀以駐會探險家的身分加入國家地理協會，受命幫助協會去改變世界觀看與評價文化的方式。我自創一個名詞「族群文化圈」，希望能激發一種新方式去思考涵蓋全地球的驚人文化母體。不過實際上我們要如何發揮影響？

當生物學家發現有某個區域具備極為重要的生物多樣性時，就會建立保護區，但我們無法建立心靈的雨林公園。身為人類學家，我完全明白文化的動力與不斷改變的本質，因此我志不在保護任何東西，而只相信如我在哈佛的心靈導師大衛・梅伯利－路易斯所說的：所有民族皆應有權利選擇他們的生活組成。

我發現辯論不太具說服力，但仍希望能以故事來改變世界。我開始透過影片帶領《國家地理雜誌》的全球讀者（一百六十五個國家中不折不扣的數百萬人）到族群文化圈的現場，那裡的信仰、實踐和習俗令人目眩神馳，他們在文化中展現的想像力更是使人不禁讚歎。我的目標不是記錄異國的他者，而是發現擁有深刻寓意及迴響的故事，一些能告訴我們生存本質的普世價值。我們不止是以拍片者或民族誌學者的身分進入村落，更以合作者的身分受到歡迎，這種關係與友誼網絡的建立通常可以回溯至三十年前。我們的根本目標是提供平台給原住民發聲，而我們的鏡頭所揭露的思想、精神和適應的內在視野，或許也能啟發貝瑞神父所說的——地球的全新夢想。

我在演講中提到的許多主題以及描述的經驗，都是發展自十五部紀錄片。在過去七年間，我與許多同仁一起完成這些拍攝計畫。在《世界盡頭的光明》系列中，我到夏威夷、馬克薩斯、拉帕努伊和大溪地去製作《尋路人》；在《極地獵人》（*Hunters of the Northern Ice*）中，赴格陵蘭和努納伕記錄氣候變遷對因紐特世界的衝擊；赴喜馬拉雅省思藏傳佛教及《心靈科學》（*Science of the Mind*）；赴秘魯檢視《神聖地理學》（*Sacred Geography*）的意義及概念的重要性。第二系列的四部影片則是讓《魔山傳奇》（*The Magic Mountain*）的阿爾瓦科族與「老大哥」發聲；在《草原騎士》（*The Windhorse*）中讚頌蒙古游牧民族；《夢之守護者》（*Keepers of the Dream*）探索澳洲原住民的哲學，在《亞馬遜之心》（*Heart of the Amazon*）中造訪巴拉薩那的家園。其他影片專案包括撒哈拉沙漠、厄瓜多的雨林、瓦哈卡州群山、大峽谷深處和哈瓦蘇派族（Havasupai）、華拉派族（Hualapai）、祖尼族（Zuni）、赫必族（Hopi）、派尤特族（Paiute）、納瓦霍族（Navajo）的家園。《世界盡頭的光明》的首四部影片已由史密森尼頻道發行DVD。第二部分的四部影片則在未來適當時間由國家地理頻道發行。

第一章：棕鬣狗的季節

討論語言的消逝與復興的文獻不僅多，且還在持續增加中。生物學家對於物種消失的預估總有一堆意見，甚至爭論不休，相對地，語言學家則似乎普遍承認世界上的半數語言已岌岌可危，而且可能在我們有生之年消失。這個學術共識令人耿耿於懷。相關書籍在最近有：Andrew Dalby, *Language in Danger* (New York: Columbia University Press, 2003); David Crystal, *Language Death* (Cambridge: Cambridge University Press, 2000)（《語言的死亡》，周蔚譯，台北：貓頭鷹，2001）。K. David Harrison, *When Languages Die* (New York: Oxford University Press, 2007); Leanne Hinton and Ken Hale, eds., *The Green Book of Language Revitalization in Practice* (San Diego: Academic Press, 2001); Joshua Fishman, ed., *Can Threatened Languages Be Saved? Reversing Language Shift, Revisited: A 21st Century Perspective* (Clevedon, England: Multilingual Matters, 2001); Daniel Nettle and Suzanne Romaine, *Vanishing Voices* (New York: Oxford University Press, 2000); Nicholas Ostler, *Empires of the Word: A Language History of the World* (New York: HarperCollins, 2005)（簡中譯本：《語言帝國：世界語言史》，章璐等譯，上海：上海人民，2009）。

收錄已知語言的目錄，見：Raymond G. Gordon, Jr., ed., *Ethnologue: Languages of the World*, 15th ed. (Dallas: Summer Institute of Linguistics International, 2005), David Crystal, *The Cambridge Encyclopedia of Language*, 2nd ed. (Cambridge: Cambridge University Press, 1997). 有關語言、地景、知識和環境的連結，見：Luisa Maffi, ed., *On Biocultural Diversity* (Washington: Smithsonian Institute Press, 2001)。

我對人口遺傳學真相的理解深深受教於威爾斯（Spencer Wells），他著有：*Deep Ancestry: Inside the Genographic Project* (Washington, D.C.: National Geographic Books, 2006) 以及 *The Journey of Man* (Princeton, N.J.: Princeton University Press, 2002)（簡中譯本：《出非洲記：人類祖先的遷徙史詩》，杜紅譯，北京：東方，2004），這本好書是美國公共電視網同名影片的延伸著作。我第一次接觸到喀拉哈里沙漠的桑族是在一九七〇年代初期，那時我還在哈佛大學德沃雷（Irven DeVore）教授的門下。當時沒人想到，科學有一天會認為桑族是人類譜系最初的支幹，地球上最古老的文化。聲稱確認了伊甸園的確切位置或許聽起來很荒謬，但我們已經找到源頭，也算是真正找出人類這個物種從非洲離開的大門。率先走上此研究的非凡大道者，是威爾斯師事的卡瓦利—斯弗札（Luigi Luca Cavalli-Sforza），他著有：*Genes,*

Peoples, and Languages (Berkeley: University of California Press, 2001)（《追蹤亞當夏娃：從演化歷史看基因、民族和語言的關係》，吳一丰、鄭谷苑、楊曉珮譯，台北：遠流，2003）。

關於桑族的民族誌經典，見：Richard B. Lee and Irven DeVore, eds., *Kalahari Hunter-Gatherers* (Cambridge, Mass.: Harvard University Press, 1976) 及 Richard B. Lee, *The !Kung San* (Cambridge: Cambridge University Press, 1979). 兩本引人入勝的旅行見聞是 Laurens van der Post, *The Lost World of the Kalahari* (New York: Harcourt Brace, 1977)（《卡拉哈里沙漠的失落世界》，周靈芝譯，台北：馬可孛羅，2003）。Rupert Isaacson, *The Healing Land* (New York: Grove Press, 2001). 現在有很多書籍配有精美圖片，最好的是：*The Bushmen* (Cape Town: Struik Publishers, 1979). 作者是 Alf Wannenburgh，攝影者為 Peter Johnson 及 Anthony Bannister。

韋芬（Thomas Whiffen）的著作：*The North-West Amazons: Notes on Some Months Spent Among Cannibal Tribes* 於一九一五年由康斯特博（Constable）在倫敦發行。另見霍布雄（Eugenio Robuchon）*En el Putumayo y sus Afluentes* (Lima: Imprenta la Indústria, 1907) 還有陶席格（Michael Taussig）的 *Shamanism, Colonialism, and the Wild Man* (Chicago: University of Chicago Press, 1987)。引用自平克（Steven Pinker）的句子，見："My Genome, My Self," *New York Times Magazine* (January 11, 2009)。威爾斯在 *The Journey of Man* 引用了庫恩（Carleton Coon）的兩本書，分別是：*The Origin of Races* (New York: Knopf, 1962) 和 *The Living Races of Man* (New York: Knopf, 1965)。寇松侯爵（Lord Curzon）的話引用自 James Morris 的 *Farewell the Trumpets* (New York: Harcourt Brace Jovanovich, 1978)。羅德士（Cecil Rhodes）的話則引用自 Brian Moynahan 的 *The British Century* (New York: Random House, 1997)。

艾許勒曼（Clayton Eshleman）和他的妻子凱洛（Caryl）向我介紹了舊石器時代晚期的藝術，然後慷慨地跟我分享兩人的筆記，而這些筆記都衍生自艾許勒曼的傑出著作：*Juniper Fuse: Upper Paleolithic Imagination and the Construction of the Underworld* (Middletown, Conn.: Wesleyan University Press, 2003). 其他舊石器時代晚期的資料參見 Paul Bahn 和 Jean Vertut, *Journey Through the Ice Age* (London: Weidenfeld & Nicolson, 1997). Paul Bahn, *The Cambridge Illustrated History of Prehistoric Art* (Cambridge: Cambridge University Press, 1998)（簡中譯本：《劍橋插圖史史前藝術史》，郭小凌、葉梅斌譯，山東：山東畫報出版社，2004）; Dale Guthrie, *The Nature of Paleolithic Art* (Chicago: University of Chicago Press, 2005); André

Leroi-Gourhan, *Treasures of Prehistoric Art* (New York: Harry N. Abrams, 1967); 和 *Sigfried Giedion, The Eternal Present: The Beginnings of Art*, Bollingen Series 35, 6.1 (New York: Pantheon Books, 1962). Northrop Frye 的 作 品 見 *Fearful Symmetry* (Princeton, N.J.: Princeton University Press, 1947; reprint, 1969) and *A Study of English Romanticism* (Chicago: University of Chicago Press, 1968)。

第二章：尋路人

關於馬克薩斯的文化碰撞，見：Edwin Ferdon, *Early Observations of Marquesan Culture*, 1595–1813 (Tucson: University of Arizona Press, 1993); David Porter, *Journal of a Cruise Made to the Pacific Ocean*, 2 vols. (1822; reprint, Upper Saddle River, N.J.: The Gregg Press, 1970); Greg Dening, *Island and Beaches: Discourse on a Silent Land, Marquesas 1774–1880* (Honolulu: University Press of Hawaii, 1980); Greg Dening, ed., *The Marquesan Journal of Edward Robarts*, 1797–1824, Pacific History Series, no. 6 (Honolulu: University Press of Hawaii, 1974); E. S. Craighill Handy, *The Native Culture in the Marquesas*, Bernice P. Bishop Museum Bulletin 9 (Honolulu: Bernice P. Bishop Museum, 1923); Nicholas Thomas, *Marquesan Societies: Inequality and Political Transformation in Eastern Polynesia* (Oxford: Clarendon Press, 1990); Willowdean Handy, *Forever the Land of Men: An Account of a Visit to theMarquesas Islands* (New York: Dodd, Mead & Co., 1965)。

關於甘藷的經典說明，見：D. E. Yen, *The Sweet Potato and Oceania: An Essay in Ethnobotany*, Bernice P. Bishop Museum Bulletin 236 (Honolulu: Bishop Museum Press, 1974). 關於在智利南岸埃爾阿雷那爾發現的前哥倫布時期雞骨頭，見：*Nature* 447, 620-621 (June 2007)。

有關太平洋的考古學，最好的書是：Patrick Vinton Kirch, *On the Road of the Winds: An Archaeological History of the Pacific Islands before European Contact* (Berkeley: University of California Press, 2000)。這位作者的所有作品都非常傑出，包括：*The Evolution of the Polynesian Chiefdoms* (Cambridge: Cambridge University Press, 1984) 以及 *The Lapita Peoples: Ancestors of the Oceanic World* (Malden, Mass.: Blackwell Publishers, 1997)。尚有下列跟其他作者合著的作品：Patrick Vinton Kirch and Jean-Louis Rallu, eds., *The Growth and Collapse of Pacific Island Societies: Archaeological and Demographic Perspectives* (Honolulu: University of Hawaii Press, 2007), Patrick Vinton Kirch and Roger Green, *Hawaiki, Ancestral*

Polynesia: An Essay in Historical Anthropology (Cambridge: Cambridge University Press, 2001)。

有關玻里尼西亞航行的專題論著與紀錄，見：David Lewis, *We, the Navigators: The Ancient Art of Landfinding in the Pacific* (Honolulu: University Press of Hawaii, 1972); David Lewis, *The Voyaging Stars: Secrets of the Pacific Island Navigators* (New York: W. W. Norton, 1978); Thomas Gladwin, *East is a Big Bird: Navigation and Logic on Puluwat Atoll* (Cambridge, Mass.: Harvard University Press, 1970); Stephen Thomas, *The Last Navigator* (New York: Henry Holt, 1987); Richard Feinberg, *Polynesian Seafaring and Navigation: Ocean Travel in Anutan Culture and Society* (Kent, Ohio: Kent State University Press, 1988); and Richard Feinberg, ed., *Seafaring in the Contemporary Pacific Islands: Studies in Continuity and Change* (DeKalb: Northern Illinois University Press, 1995)。

布克（Peter Buck）的經典著作是 *Vikings of the Sunrise* (1938; reprint, Christchurch, N.Z.: Whitcombe & Tombs, 1954)。索普（Andrew Sharp）發表觀點於 *Ancient Voyagers in Polynesia* (London: Penguin Books, 1957)。索普引起爭議的意外偏航理論激盪出一場美好的聚會並出版了文集：Jack Golson, ed., *Polynesian Navigation: A Symposium on Andrew Sharp's Theory of Accidental Voyages* (Wellington, N.Z.: A. H. and A. W. Reed for the Polynesian Society, 1963)。

在夏威夷大學的人類學先驅學者中，費尼（Ben Finney）撰寫了雙身獨木舟的第一場實驗性航程：*Hokule'a: The Way to Tahiti* (New York: Dodd, Mead & Co., 1979)。關於這段複雜又激勵人心的歷史，可參考玻里尼西亞航海協會的出色網站，http://pvs.kcc.hawaii.edu/aboutpvs.html.

海爾達（Thor Heyerdahl）對拉帕努伊和玻里尼西亞的錯誤詮釋寫在 *Aku-Aku: The Secret of Easter Island* (Chicago: Rand McNally，1958)（簡中譯本：《復活節島的秘密》，蘇濤譯，四川：四川文藝，2023）。他的 *Kon-Tiki: Across the Pacific in a Raft* (New York :Simon & Schuster, 1964)（《康提基號海上漂流記》，吳麗玫譯，台北：馬可孛羅，2013）最初於一九五〇年發行，平裝本持續在大眾市場銷售，同時已有六十五種語言的版本。海爾達對於復活島的想法徹底為 Thomas Barthel 所破解：*The Eighth Land: The Polynesian Discovery and Settlement of Easter Island* (Honolulu: University Press of Hawaii, 1978)。有支智利學者組成的卓越團隊以三十多年的研究提供了最佳的考古資料，不幸尚未譯成英 文：Patricia Vargas, Claudio Cristino, and Roberto Izaurieta, *1000 Años en Rapa Nui:*

Arqueología del Asentamiento (Santiago: Editorial Universitaria, Universidad de Chile, 2006)。愛德華（Edmundo Edwards）和 Patricia、Claudio 挖掘了島上兩萬五千多處地點，並準備出版其畢生心血。雖然愛德華及其同事從事花粉研究，揭開玻里尼西亞人抵達當時特有植物的特性，他們卻拒斥島上文明突然崩解的概念，此概念早已廣為流傳，而且幾乎成為環保運動的寓言。他們的著作認為這是文化轉型，「鳥人崇拜」並非衰微或腐敗的跡象，而是再發明與轉化的象徵，只是因為疾病和歐洲大探險時代造成的悲慘下場，使得文化轉型未果。

Frances Widdowson 和 Albert Howard 寫了一本艱澀又無知的書：*Disrobing the Aboriginal Industry: The Deception Behind Indigenous Cultural Preservation* (Montreal: McGill-Queen's University Press, 2008)。關於馬凌諾斯基和鮑亞士的優秀傳記，見：Douglas Cole, *Franz Boas: The Early Years, 1858–1906* (Seattle: University of Washington Press, 1999)。以及 Michael Young, *Malinowski: Odyssey of an Anthropologist, 1884–1920* (New Haven, Conn.: Yale University Press, 2004)。馬凌諾斯基關於庫拉的經典之作是：*Argonauts of the Western Pacific: An Account of Native Enterprise and Adventure in the Archipelagoes of Melanesian New Guinea* (Long Grove, Ill.: Waveland Press, 1984)（中譯：《南海舡人：美拉尼西亞新幾內亞土著之事業及冒險活動報告》，于嘉雲譯，台北：遠流，1991）. 本書於一九二二年首次出版，是人類學的偉大經典。他也寫了其他書籍，包括 *The Sexual Life of Savages in North-Western Melanesia: An Ethnographic Account of Courtship, Marriage, and Family Life among the Natives of the Trobriand Islands, British New Guinea* (London: George Routledge & Sons, 1932)（簡中譯本：《野蠻人的性生活》，高鵬、金爽編譯，北京：團結，2005）。關於馬凌諾斯基引發爭議的田野日誌，見：*A Diary in the Strict Sense of the Term* (1967; reprint, Stanford, Calif.: Stanford University Press, 1989)。有關庫拉象徵圖像的優秀好書，見：Shirley Campbell, *The Art of Kula* (Oxford: Berg Press, 2002)。

第三章：巨蟒之族

奧雷亞納（Orellana）與亞馬遜女人相遇的迷人故事，見：Alex Shoumatoff, *In Southern Light* (New York: Simon & Schuster, 1986)。皮內爾（Gaspar de Pinell）以普圖馬約河上游的席本多（Sibundoy）方濟會為根據地。他的報

告 *Excursión Apostólica por los Ríos Putumayo, San Miguel de Sucumbíos, Cuyabeno, Caquetá y Caguán*）在一九二八年由波哥大國家出版社出版。Julian Duguid 所著之 *Green Hell: A Chronicle of Travel in the Forests of Eastern Bolivia*，一九三〇年首見於倫敦，由 George Newnes Ltd. 出版，像這樣的書很多。對於熱帶生態環境及亞馬遜雨林的脆弱，我的評論可見文集《雲豹》，但我們這二十多年來都只是不加思索地記住這件事。

若想閱讀全面而深刻的美洲和亞馬遜調查，特別是歐洲探險時代之前的紀錄，見：Charles Mann, *1491: New Revelations of the Americas Before Columbus* (New York: Vintage Books, 2006)（《1491：重寫哥倫布前的美洲歷史》，陳信宏譯，新北：衛城，2016）。關於康達明（Charles Marie de la Condamine），見：*Viaje a la América Meridional por el Río de las Amazonas* (1743; reprint, Barcelona: Editorial Alta Fulla, 1986)。有關歐洲探險時代的影響，見：Ronald Wright, *Stolen Continents: The Americas Through Indian Eyes Since 1492* (Boston: Houghton Mifflin, 1992) 以及 Paul Richard, *The Tropical Rain Forest: An Ecological Study* (New York: Cambridge University Press, 1952)。關於我在安地斯山脈及西北亞馬遜的遊歷、與 Tim Plowman 共寫的古柯鹼著作，還有隨後的植物學探究，見：*One River: Explorations and Discoveries in the Amazon Rain Forest* (New York: Simon & Schuster, 1996)。

關於梅格斯（Betty Meggers）和羅斯福（Anna Roosevelt）的歧異，見：Charles Man 前揭書的精彩討論，還有梅格斯的 *Amazonia: Man and Culture in a Counterfeit Paradise* (Arlington Heights, Ill.: AHM Publishing, 1971)，羅斯福的 *Moundbuilders of the Amazon: Geophysical Archaeology on Marajó Island, Brazil* (San Diego: Academic Press, 1991)，以及羅斯福編纂的 *Amazonian Indians from Prehistory to the Present: Anthropological Perspectives* (Tucson: University of Arizona Press, 1994)。關於亞馬遜的新思考，見：W. M. Denevan, *Cultivated Landscapes of Native Amazonia and the Andes* (New York: Oxford University Press, 2001); W. M. Denevan, ed., *The Native Population of the Americas in 1492* (Madison: University of Wisconsin Press, 1976); "The Native Population of Amazonia in 1492 Reconsidered," *Revista de Indias* 62, no. 227 (2003): 175–88; "The Pristine Myth: The Landscape of the Americas in 1492," *Annals of the Association of American Geographers* 82 (1992): 369–85; and "Stone vs. Metal Axes: The Ambiguity of Shifting Cultivation in Prehistoric Amazonia," *Journal of the Steward Anthropological Society* 20 (1992): 153–65。關於卡內羅（Robert Carneiro）所關注的石器效率，見："Tree Felling with the Stone Axe: An Experiment Carried Out Among the Yanomamö Indians of Southern Venezuela," in Carol Kramer, ed., *Ethnoarchaeology: Implications of Ethnography for Archaeology* (New York: Columbia University Press, 1979), 21–58。大征服之後針對科技和農產品交易的經典解釋為：Alfred W. Crosby, *The Columbian Exchange: Biological and Cultural Consequences of 1492* (Westport, Conn.: Greenwood Press, 1972)（《哥倫布大交換：1492年以後的生物影響和文化衝擊》，鄭明萱譯，台北：貓頭鷹，2019）. 也 見 Crosby 的 *Ecological Imperialism: The Biological Expansion of Europe, 900–1900* (Cambridge: Cambridge University Press, 1986)（簡中譯本：《生態擴張主義：歐洲900-1900年的生態擴張》，許友民、許學徵譯，瀋陽：遼寧　育，2001）。

過去四十多年來有一群為數不多但卓越優秀的人類學家，其中有些是領域內備受敬重的專業民族誌學家，已著手研究西北亞馬遜哥倫比亞各民族。這方面的先驅是賴歇爾多爾馬托夫（Gerardo Reichel-Dolmatoff），他是我的教授舒茲的好友暨同儕，而舒茲把過去十二年的大半時間都投注在該區域民族植物學的研究上。舒茲寫了十本書籍、四百九十六篇科學論文。舒茲最重要的書籍為 *The Healing Forest: Medicinal and Toxic Plants of the Northwest Amazonia], with Robert Raffauf (Portland, Ore.: Dioscorides Press, 1990); The Botany and Chemistry of Hallucinogens,* 與 Albert Hofmann 共著, 2nd ed., rev. and enl. (Springfield, Ill.: Charles C. Thomas, 1980); *Plants of the Gods*, with Albert Hofmann (New York: McGraw-Hill, 1979)（《眾神的植物：神聖、具療效和致幻力量的植物》，金恆鑣譯，台北：商周出版，2010）。關於死藤水有大量文獻，大多出自麥可那（Dennis McKenna）。最佳的一本論文集匯聚了舒茲、麥可那、Jean Langdon, Bronwen Gates, Luis Luna, Antony Henman 的著作，見 *América Indigena* 46(1) (1986): 5–256。

賴歇爾的書籍包括：*Amazonian Cosmos: The Sexual and Religious Symbolism of the Tukano Indians* (Chicago: University of Chicago Press, 1971); *The Forest Within: The World-View of the Tukano Amazonian Indians* (Foxhole, England: Themis Books, 1996); *Rainforest Shamans: Essays on the Tukano Indians of the Northwest Amazon* (Foxhole, England: Themis Books, 1997); *The Shaman and the Jaguar: A Study of Narcotic Drugs Among the Indians of Colombia* (Philadelphia: Temple University Press, 1975). 也 見 Jean Jackson, *The Fish People: Linguistic Exogamy and Tukanoan Identity in Northwest Amazonia* (Cambridge: Cambridge University Press, 1983); Kaj Arhem, *Makuna Social Organization* (Stockholm: Almqvist & Wiksell International, 1981); Irving Goldman, *Cubeo Hehénewa Religious Thought,* 逝世後由 Peter Wilson 編輯出版

(New York: Columbia University Press, 2004)。

史帝芬・休瓊斯(Stephen Hugh-Jones)和克莉絲汀・休瓊斯(Christine Hugh-Jones)於一九六八年首次居住在巴拉薩那。兩位的專題論著影響深遠。見:*From the Milk River: Spatial and Temporal Processes in Northwest Amazonia* (Cambridge: Cambridge University Press, 1979) 及 Stephen Hugh-Jones, *The Palm and the Pleiades: Initiation and Cosmology in Northwest Amazonia* (Cambridge: Cambridge University Press, 1979)。之後克莉絲汀開始研讀並投入藥學,但兩人仍返回皮拉巴拉那河,在很多場合都被當成家人看待。巴拉薩那人及兩人的鄰居顯然視兩人為令人敬重的長者。《魔山傳奇》導演陶斯利(Graham Townsley),還有《草原騎士》和《亞馬遜之心》的導演萊德(Howard Reid),在史帝芬的指導下雙雙獲得劍橋博士學位。

當代有關皮拉巴拉那信仰與傳統最好的一本書,是由該流域原住民所撰。見:奧爾赫姆(Kaj Arhem)、卡詠(Luis Cayón)、安古羅(Gladys Angulo)和賈西亞(Maximiliano García)、馬庫那(Etnografía Makuna)合著:*Etnografía Makuna: Tradiciones, relatos y saberes de la Gente de Agua* (Bogotá: Instituto Colombiano de Antropología e Historia, 2004)。奧爾赫姆和攝影師山普(Diego Samper)合作出版一本有精美圖片的書籍:*Makuna: Portrait of an Amazonian People* (Washington, D.C.: Smithsonian Institution Press, 1998)。關於蓋亞亞馬遜基金會的作品,見:Martin von Hildebrand, "Gaia and Culture: Reciprocity and Exchange in the Colombian Amazon," in Peter Bunyard, ed., *Gaia in Action, Science of the Living Earth* (Edinburgh: Floris Books, 1996)。網址為:www.gaiaamazonas.org。

第四章:神聖地理學

有關神聖水源地的資訊,還有塔爾坦族如何努力保護史提開河家園,可造訪下列網站:www.skeenawatershed.com 和 www.sacredheadwaters.com。我花了一年待在夏洛特皇后群島(Haida Gwaii)的伐木營,將經驗寫成一篇專文 "In the Shadow of Red Cedar",收錄於《雲豹》。

描述古柯葉文化重要性的兩本好書:C. J. Allen, *The Hold Life Has: Coca and*

Cultural Identity in an Andean Community (Washington, D.C.: Smithsonian Institution Press, 1988) 及 Anthony Henman, *Mama Coca* (London: Hassle Free Press, 1978)。

關於印加帝國和當代安地斯民族誌有大量文獻。印加的歷史，見：Louis Baudin, *Daily Life in Peru Under the Last Incas* (New York: Macmillan, 1968); Brian Bauer's *The Development of the Inca State* (Austin: University of Texas Press, 1992) 及 *Ancient Cuzco: Heartland of the Inca* (Austin: University of Texas Press, 2004); B. C. Brundage, *Lords of Cuzco* (1967) 和 *Empire of the Inca* (1963), 皆有再版 (Norman: University of Oklahoma Press, 1985); R. Burger, C. Morris, and R. Matos Mendieta, eds., *Variations in the Expression of Inka Power: A Symposium at Dumbarton Oaks, 18 and 19 October 1997* (Washington, D.C.: Dumbarton Oaks Research Library and Collection, 2007); G. W. Conrad and A. Demarest, *Religion and Empire* (Cambridge: Cambridge University Press, 1984); T. D'Altroy, *The Incas* (Oxford: Blackwell, 2002); J. Hemming, *The Conquest of the Incas* (New York: Harcourt Brace Jovanovich, 1970); C. Morris and A. von Hagen, *The Inka Empire and its Andean Origins* (New York: Abbeville Press, 1993); M. Moseley, *The Incas and their Ancestors: The Archaeology of Peru* (London: Thames & Hudson, 1992); K. MacQuarrie, *The Last Days of the Incas* (New York: Simon & Schuster, 2007)（《印加帝國的末日》，馮璇譯，新北，自由之丘，2018）; A. Métraux, *The History of the Incas* (New York: Schocken Books, 1979); J. H. Rowe, "Inca Culture at the Time of the Spanish Conquest," in J. H. Steward, ed., *Handbook of South American Indians*, Bureau of American Ethnology Bulletin 143, vol. 2 (Washington, D.C.: U.S. Government Printing Office, 1946), 183–330; and R. T. Zuidema, *Inca Civilization in Cuzco* (Austin: University of Texas Press, 1990).

編年史中有些資料已重新出版，見：J. de Acosta, *Natural and Moral History of the Indies*, ed. Jane Mangan (Durham, N.C.: Duke University Press, 2002); J. de Betanzos, *Narrative of the Incas*, trans. and ed. Roland Hamilton and Dana Buchanan (Austin: University of Texas Press, 1996); B. Cobo, *Inca Religion and Customs* (1653), trans. and ed. Roland Hamilton (Austin: University of Texas Press, 1990); B. Cobo, *History of the Inca Empire* (1653), trans. and ed. Roland Hamilton (Austin: University of Texas Press, 1983); Garcilaso de la Vega, *The Royal Commentaries of the Incas and General History of Peru*, Parts 1 & 2 (1609), trans. Harold Livermore (Austin: University of Texas Press, 1966); Poma Huamán Poma de Ayaala, *Letter to a King*, ed. Christopher Dilke (New York: Dutton, 1978); Pedro Sarmiento de Gamboa, *The History of the Incas* (1572), trans. and ed. Brian Bauer and Vania Smith (Austin: University of Texas Press, 2007); Pedro de Cieza de León, *The Incas*, (1554), ed.

Victor W. von Hagen (Norman: University of Oklahoma Press, 1976)。

有關安地斯民族對土地、朝聖和神聖地理學的概念，見：M. J. Sallnow, *Pilgrims of the Andes* (Washington, D.C.: Smithsonian Institution Press, 1987); B. Bauer and C. Stanish, *Ritual and Pilgrimage in the Ancient Andes: The Islands of the Sun and the Moon* (Austin: University of Texas Press, 2001); B. Bauer, *The Sacred Landscape of the Inca: The Cusco Ceque System* (Austin: University of Texas Press, 1998); 及 R. T. Zuidema, *The Ceque System of Cuzco: The Social Organization of the Capital of the Inca* (Leiden: E. J. Brill, 1964)。萊恩哈德（Johan Reinhard）寫了幾本重要的書，包括：*The Ice Maiden: Inca Mummies, Mountain Gods, and Sacred Sites in the Andes* (Washington, D.C.: National Geographic Society, 2005) 和 *Machu Picchu: Exploring an Ancient Sacred Center*, 4th rev. ed. (Los Angeles: Cotsen Institute of Archaeology, UCLA, 2007)。星雪祭的傑出研究：Robert Randall, "Qoyllur Rit'I, An Inca Festival of the Pleides," *Boletin del Instituto Frances de Estudios Andinos 11*, (1-2):37-81 (Lima)。

天 文 學：Brian Bauer and David Dearborn, *Astronomy and Empire in the Ancient Andes* (Austin: University of Texas Press, 1995); G. Urton, *At the Crossroads of the Earth and the Sky: An Andean Cosmology* (Austin: University of Texas Press, 1981)。印加的道路：J. Hyslop, *The Inka Road System* (New York: Academic Press, 1984) 和 Victor W. von Hagen, *Highway of the Sun* (Boston: Little, Brown, 1955). 也見 J. Hyslop, *Inka Settlement Planning* (Austin: University of Texas Press, 1990).

說明安地斯民族奇普系統的好書，見：G. Urton, *Signs of the Inka Khipu: Binary Coding in the Andean Knotted String Records* (Austin: University of Texas Press, 2003) 和 J. Quilter and G. Urton, eds., *Narrative Threads: Accounting and Recounting in Andean Khipu* (Austin: University of Texas Press, 2002)。

經典民族誌：T. A. Abercrombie, *Pathways of Memory and Power: Ethnography and History Among an Andean People* (Madison: University of Wisconsin Press, 1998); J. W. Bastien, *Mountain of the Condor: Metaphor and Ritual in an Andean Ayllu* (Long Grove, Ill.: Waveland Press, 1985); Inge Bolin's *Growing Up in a Culture of Respect: Child Rearing in Highland Peru* (Austin: University of Texas Press, 2006) 及 *Rituals of Respect: The Secret of Survival in the High Peruvian Andes* (Austin: University of Texas Press, 1998); S. Brush, *Mountain, Field, and Family: The Economy and Human Ecology of an Andean Valley* (Philadelphia: University of Pennsylvania Press,

1977); J. Meyerson, *Tambo: Life in an Andean Village* (Austin: University of Texas Press, 1990); B. J. Isbell, *To Defend Ourselves: Ecology and Ritual in an Andean Village* (Austin: University of Texas Press, 1978) 及 F. Salomon, *The Cord Keepers: Khipus and Cultural Life in a Peruvian Village* (Durham, N.C.: Duke University Press, 2004)。印加帝國最後據點比爾卡班巴的歷史：H. Thomson, *The White Rock: An Exploration of the Inca Heartland* (Woodstock, N.Y.: Overlook Press, 2003) 及 V. Lee, *Forgotten Vilcabamba: Final Stronghold of the Incas* (Jackson Hole, Wyo.: Empire Publishing, 2000)。

安地斯的紡織傳統：Nilda Callañaupa Alvarez, *Weaving in the Peruvian Highlands: Dreaming Patterns, Weaving Memories* (Loveland, Col.: Interweave Press, 2007)。安地斯民族的民族植物學：J. Bastien, *Healers of the Andes: Kallawaya Herbalists and Their Medicinal Plants* (Salt Lake City: University of Utah Press, 1987); C. Franquemont, T. Plowman, E. Franquemont, et al., *The Ethnobotany of Chinchero, an Andean Community in Southern Peru*, Fieldiana, Botany New Series No. 24 (Chicago: Field Museum of Natural History, 1990)。

對當代秘魯的絕佳描繪：Ron Wright, *Cut Stones and Crossroads* (New York: Penguin Books, 1984)。毒品交易興起前在聖瑪爾塔內華達山脈的有趣遊記：Charles Nicholl, *The Fruit Palace* (London: Heinemann, 1985)。

要了解「老大哥」的世界，已故的賴歇爾仍是重要的資訊來源。他在一九五〇年和一九五一年發行的兩大冊論文著作於一九八五年再版，見：*Los Kogi: Una Tribu de la Sierra Nevada de Santa Marta, Colombia*, 2 vols. (Bogotá: Nueva Biblioteca Colombiana de Procultura, Editorial Presencia, 1985)。此外，也請參考賴歇爾的下列著作：*The Sacred Mountain of Colombia's Kogi Indians* (Leiden: E. J. Brill, 1990); "Training for the Priesthood Among the Kogi of Colombia" in J. Wilbert, ed., *Enculturation in Latin America: An Anthology* (Los Angeles: UCLA Latin American Center Publications, 1976); "The Loom of Life: A Kogi Principle of Integration," *Journal of Latin American Lore 4*, no. 1 (1978): 5–27; "The Great Mother and the Kogi Universe: A Concise Overview," *Journal of Latin American Lore 13*, no. 1 (1987): 73–113; "Templos Kogi: Introducción al Simbolismo y a la Astronomía del Espacio Sacrado," *Revista Colombiana de Antropología 19* (1975): 199–246; 及 *Indians of Colombia: Experience and Cognition* (Bogotá: Villegas Editores, 1991)。阿爾瓦科族的神話和儀典：Donald Tayler, *The Coming of the Sun*, Pitt Rivers Museum Monograph No. 7 (Oxford: University of Oxford, 1997). 也見 Alan Ereira, *The*

Elder Brothers' Warning (London: Tairona Heritage Trust, 2009)。一九九一年，伊萊拉（Alan Ereira）和陶斯利製作了《來自世界之心》（From the Heart of the World），這是部鏗鏘有力的影片，將高基族和老大哥的訊息帶到全世界。伊萊拉之後成立了泰羅納遺產信託（Tairona Heritage Trust，www.tairona.myzen.co.uk），這是跟Gonawindua這個聖瑪爾塔內華達山脈原住民官方組織合作密切的非營利組織（www.tairona.org）。

若想理解「夢中國度」和「歌徑」，我並不推薦下列這本暢銷書：Bruce Chatwin, *The Songlines* (New York: Penguin, 1988)（《歌之版圖：澳洲夢土的故事》，李麗薰譯，台北：季節風，1994）。對於原住民文化精微哲學最刺激而簡練的探索是：W. E. H. Stanner's "The Dreaming," *White Man Got No Dreaming: Essays*, 1938–1973 (Canberra: Australian National University Press, 1979)。其他經典記述：Ronald Berndt and Catherine Berndt, *The Speaking Land (Sydney: Penguin Books, 1988), and The World of the First Australians* (Canberra: Aboriginal Studies Press, 1988); A. P. Elkin, *The Australian Aborigines*, 4th ed. (Sydney: Angus and Robertson, 1976); 及 T. G. H. Strehlow's *Aranda Traditions* (Melbourne: Melbourne University Press, 1974) 及 *Songs of Central Australia* (Sydney: Angus and Robertson, 1971). 也見 John Mulvaney and Johan Kamminga, *Prehistory of Australia* (St. Leonards, Australia: Allen & Unwin, 1999); Richard Baker, *Land Is Life: From Bush to Town: The Story of the Yanyuwa People* (St. Leonards, Australia: Allen & Unwin, 1999); Fred Myers, *Pintupi Country, Pintupi Self: Sentiment, Place, and Politics among Western Desert Aborigines* (Berkeley: University of California Press, 1991); Robert Tonkinson and Michael Howard, eds., *Going It Alone?: Prospects for Aboriginal Autonomy* (Canberra: Aboriginal Studies Press, 1990) 及 Robert Tonkinson's *The Mardu Aborigines: Living the Dream in Australia's Desert* (Fort Worth, Tex.: Holt, Rinehart and Winston, 1991) 及 *The Jigalong Mob: Aboriginal Victors of the Desert Crusade* (Menlo Park, Calif.: Benjamin Cummings Publishing Co., 1974)。

關於文化衝突與後果，見：Bruce Elder, *Blood on the Wattle: Massacres and Maltreatment of Aboriginal Australians Since 1788* (Sydney: New Holland, 2002)。關於美好的原住民藝術，見：Fred Myers, *Painting Culture: The Making of a High Aboriginal Art* (Durham, N.C.: Duke University Press, 2002)。一本廣受觀迎的調查和介紹，見：Robert Lawlor, *Voices of the First Day: Awakening in the Aboriginal Dreamtime* (Rochester, Vt.: Inner Traditions, 1991)。

第五章：風的世紀

本章標題出自加萊亞諾（Eduardo Galeano）令人驚艷的三部曲《火的記憶》（*Memory of the Fire*, New York: Pantheon Books, 1985, 1987, 1988）中的第三冊。有關伊甸園，見：Nicholas Wade, "Eden? Maybe. But Where's the Apple Tree?" *New York Times* (April 30, 2009). 也見 Sarah Tishkoff et al., "The Genetic Structure and History of Africans and African Americans," *Science* 324, no. 5930 (May 2009): 1035–44。關於馬薩特克族的吹口哨說話方式，見：G. M. Cowan, "Mazateco Whistle Speech," *Language 24*, no. 3 (1948): 280–86。關於巫毒神祕國度的概念，請見我關於海地的兩本書：*The Serpent and the Rainbow* (New York: Simon & Schuster,1985) 及 *Passage of Darkness* (Chapel Hill: University of North Carolina Press, 1988)。有關納西族，見：Cai Hua, *A Society Without Fathers or Husbands: The Na of China* (Brooklyn: Zone Books, 2008)。關於瓦勞人，見：Johannes Wilbert's, *Mindful of Famine: Religious Climatology of the Warao Indians* (Cambridge, Mass.: Harvard University Press, 1996); *Mystic Endowment: Religious Ethnography of the Warao Indians* (Cambridge: Harvard University Press, 1993) 及 *Tobacco and Shamanism in South America* (New Haven, Ct.: Yale University Press, 1993)。關於明打威的美學，見：Charles Lindsay, *Mentawai Shaman: Keeper of the Rain Forest* (New York: Aperture, 1992)。

有關天台宗奔跑的僧侶和山伏的傳統，見：Carmen Blacker, *The Catalpa Bow: A Study of Shamanistic Practices in Japan* (London: Allen & Unwin, 1975); Miyake Hitoshi（宮家準）, *Shugendō: Essays on the Structure of Japanese Folk Religion* (Ann Arbor, Mich.: Center for Japanese Studies, University of Michigan, 2001); Miyake Hitoshi, *The Mandala of the Mountain: Shugendō and Folk Religion*, ed. Gaynor Sekimori (Tokyo: Keio University Press, 2005); Paul Swanson, ed., *Tendai Buddhism in Japan, Japanese Journal of Religious Studies 14*, nos. 2–3 (1987); Royall Tyler and Paul Swanson, eds., *Shugendo and Mountain Religion in Japan, Japanese Journal of Religious Studies 16*, nos. 2–3 (1989); Percival Lowell, *Occult Japan* (Boston: Houghton Mifflin, 1895) 及 John Stevens, *The Marathon Monks of Mount Hiei* (Boston: Shambhala, 1988)。

要了解這些文化的所有複雜概念，最好的素材、最重要的意見來自已逝的梅伯利—路易斯，幾乎所有我知道的人類學知識都來自他。請見他的經典著作：*Akwe-Shavante Society* (Oxford: Clarendon Press, 1967); *Dialectical Societies* (Cambridge, Mass.: Harvard University Press, 1979); *Indigenous Peoples, Ethnic Groups, and the*

State (1965; reprint, Boston: Allyn and Bacon, 1997); *The Savage and the Innocent* (Boston: Beacon Press, 2000); 他主編的書：*The Politics of Ethnicity: Indigenous Peoples in Latin American States* (Cambridge, Mass.: Harvard University Press, 2002) 及 *Millennium: Tribal Wisdom and the Modern World* (New York: Viking, 1992).。

關於卡奧華族，見：J. Mooney, "Calendar History of the Kiowa, Indians," *Seventeenth Annual Report of the Bureau of American Ethnology* (Washington, D.C.: Smithsonian Institution Press, 1898), 129–445; *One River* (New York: Simon & Schuster, 1996); Weston LaBarre, The Peyote Cult (1938), 5th ed., enl. (Norman: University of Oklahoma Press, 1989)。關於對野牛有系統的根除，見：Andrew Isenberg, *The Destruction of the Bison: An Environmental History, 1750–1920* (Cambridge: Cambridge University Press, 2000)。有關普圖馬約河橡膠年代的恐怖事蹟，見：Norman Thomson, *The Putumayo Red Book* (London: N. Thomson & Co., 1913); R. Collier, *The River that God Forgot* (London: Collins, 1968); W. E. Hardenburg, *The Putumayo: The Devil's Paradise* (London: T. Fisher Unwin, 1912); B. Weinstein, *The Amazon Rubber Boom*, 1850–1920 (Stanford, Calif.: Stanford University Press, 1983)。

關於本南族的聲音及許多馬來西亞官員的摘錄引句，見：Wade Davis, Ian MacKenzie, and Shane Kennedy, *Nomads of the Dawn: The Penan of the Borneo Rain Forest* (San Francisco: Pomegranate Press, 1995)。欲支持曼瑟（Bruno Manser）的遺緒，請聯絡布魯諾曼瑟基金會：www.bmf.ch/en/。另見：我描寫曼瑟的文章："Dreams of a Jade Forest," 收錄於《雲豹》，57–72。

關於波布和處決場，見：David Chandler, *Brother Number One: A Political Biography of Pol Pot* (Boulder, Col.: Westview Press, 1999); Dith Pran, *Children of Cambodia's Killing Fields: Memoirs by Survivors* (Chiang Mai, Thailand: Silkworm Books, 1997); Ben Kiernan's *How Pol Pot Came to Power: Colonialism, Nationalism, and Communism in Cambodia, 1930–1975* (New Haven, Ct.: Yale University Press, 2004) 及 *The Pol Pot Regime: Race, Power, and Genocide in Cambodia under the Khmer Rouge*, 1975–79 (New Haven, Ct.: Yale University Press, 2008) 及 Loung Ung（黃良）, *First They Killed My Father: A Daughter of Cambodia Remembers* (New York: Perennial, 2000)（《他們先殺了我父親：柬埔寨女孩的回憶》，蔣慶惠譯，台北：高寶，2019）。

中國大革命以來最好的圖博歷史書是：Tsering Shakya, *The Dragon in the Land of the Snows: A History of Modern Tibet since 1947* (New York: Columbia University Press, 1999)（《西藏，焚燒的雪域：中共統治下的藏民族》，謝惟敏譯，新北：左岸，2022）。另見：M. C. Goldstein, *A History of Modern Tibet, 1913–1951* (Berkeley: University of California Press, 1989)（簡中譯本：《喇嘛王國的覆滅》，杜永彬譯，北京：時事，1994）及 Tubten Khetsun, *Memories of Life in Lhasa Under Chinese Rule* (New York: Columbia University Press, 2008)。兩本不錯的暢銷歷史書：Charles Allen, *The Search for Shangri-La: A Journey into Tibetan History* (London: Little, Brown, 1999), and Patrick French, *Tibet, Tibet: A Personal History of a Lost Land* (London: HarperCollins, 2003)。

理查（Matthieu Ricard）和其哲學家父親尚赫維爾（Jean- François Revel）花了一星期在加德滿都的茶室對談，他們不加修飾的對談集是對圖博達摩之途最好的解說，見：Jean-François Revel and Matthieu Ricard, *The Monk and the Philosopher: East Meets West in a Father–Son Dialogue* (London: Thorsons, 1999)（《僧侶與哲學家：父子對談生命意義》，賴聲川譯，台北：究竟，2012）. 也見 Matthieu Ricard and Trinh Xuan Thuan, *The Quantum and the Lotus: A Journey to the Frontiers Where Science and Buddhism Meet* (New York: Three Rivers Press, 1999)（《僧侶與科學家：宇宙與人生的對談》，杜默譯，台北：先覺，2003）。以下為理查的作品：*Happiness: A Guide to Developing Life's Most Important Skill* (New York: Little, Brown, 2007)（《快樂學：科學家僧侶修練幸福的 24 堂課》，賴聲川、丁乃竺譯，台北：天下雜誌，2014）; *Motionless Journey: From a Hermitage in the Himalayas* (London: Thames & Hudson, 2008); *Tibet: An Inner Journey* (London: Thames & Hudson, 2007); *Journey to Enlightenment: The Life and World of Khyentse Rinpoche, Spiritual Teacher from Tibet* (New York: Aperture, 1996)（《頂果欽哲法王傳：西藏精神》，賴聲川譯，台北，雪謙文化，2010）; 及 *Bhutan: The Land of Serenity* (London: Thames & Hudson, 2009).

有關北肯亞游牧民族的困境，見：Elliot Fratkin and Eric Abella Roth, eds., *As Pastoralists Settle: Social, Health, and Economic Consequences of the Pastoral Sedentarization in Marsabit District, Kenya* (New York: Springer, 2005); Carolyn Lesorogol, *Contesting the Commons: Privatizing Pastoral Lands in Kenya* (Ann Arbor: University of Michigan Press, 2008)。若想參考精美豐富的圖文書，見：Nigel Pavitt, *Samburu* (New York: Henry Holt, 1991)。另見我在《世界盡頭的光明》之討論 (Vancouver: Douglas & McIntyre, 2007)。

關於文化崩潰後果的傑出觀點，見：Robert Kaplan's *The Ends of the Earth: From Togo to Turkmenistan, from Iran to Cambodia, a Journey to the Frontiers of Anarchy* (New York: Vintage, 1997), *The Coming Anarchy: Shattering the Dreams of the Post Cold War* (New York: Vintage, 2001). 也可參John Bodley的*Victims of Progress*, 5th ed. (Lanham, Md.: Altamira Press, 2008)（簡中譯本：《發展的受害者》，何小榮、謝勝利、李旺旺譯，北京：北京大學，2011）和 *Anthropology and Contemporary Human Problems*, 5th ed. (Lanham, Md.: Altamira Press, 2008)（簡中譯本：《人類學與當今人類問題》，周云水、史濟純、何小榮譯，北京：北京大學，2010）。關於剛果共和國的暴行，見：Bob Herbert, "The Invisible War," *New York Times* (February 21, 2009), A17。

當然，坊間有很多關於北極的文獻。但如果要我推薦三本，會是：Pierre Berton, *Arctic Grail: The Quest for the Northwest Passage and the North Pole, 1818–1909* (Guilford, Conn.: Lyons Press, 2000); Hugh Brody, *Living Arctic: Hunters of the Canadian North* (Seattle: University of Washington Press, 1990); 及 Gretel Erhlich, *This Cold Heaven: Seven Seasons in Greenland* (New York: Vintage Books, 2003)。關於弗洛全（Peter Freuchen），見：*Arctic Adventure: My Life in the Frozen North* (Guilford, Conn.: Lyons Press, 2002), and *Book of the Eskimos* (London: Bramhall House, 1961)。另見我的專文："Hunters of the Northern Ice," 收錄於《雲豹》，31–55。

兩本有關氣候變遷影響的一流作品，尤其在冰河衰退方面，見：Ben Orlove, Ellen Wiegandt, and Brian Luckman, eds., *Darkening Peaks: Glacial Retreat, Science, and Society* (Berkeley: University of California Press, 2008) 及 Gary Braasch, *Earth Under Fire: How Global Warming Is Changing the World* (Berkeley: University of California Press, 2007). 也見 Thom Hartmann, *The Last Hours of Ancient Sunlight* (New York: Three Rivers Press, 2004)（《古老陽光的末日：搶救地球資源》，馬鴻文譯，台北：正中，2001）。關於恆河的慘境，見：Emily Wax, "A Sacred River Endangered by Global Warming," *Washington Post* (June 17, 2007), A14。關於阿瑪納斯石窟的冰柱消失，見："Holy Stalagmite Can't Take the Heat," a Guardian News Service report, *Globe and Mail* (July 3, 2007), L5。關於美西北方的大量昆蟲蟲害，見：Jim Robbins, "Spread of Bark Beetle Kills Millions of Acres of Trees in West," *New York Times* (November 18, 2008), D3。

撒哈拉沙漠和廷巴克圖還有運鹽駱駝商隊前往陶德尼的精彩敘述，見：Michael Benanav, *Men of Salt: Across the Sahara with the Caravan of White Gold* (Guilford, Conn.:

Lyons Press, 2008); Mark Kurlansky, *Salt: A World History* (New York: Walker and Co., 2002)（中譯：《鹽》，石芳瑜譯，台北：藍鯨，2002）; Marq de Villiers and Sheila Hirtle, *Sahara: A Natural History* (New York: Walker and Co., 2002); Mark Jenkins, *To Timbuktu: A Journey Down the Niger* (New York: Quill, 1998); William Langewiesche, *Sahara Unveiled: A Journey Across the Desert* (New York: Vintage Books, 1996)。

貝瑞神父（Thomas Berry）的著作讓人對未來懷抱最後的希望，尤其是 *The Dream of the Earth* (San Francisco: Sierra Club Books, 1988); *Evening Thoughts: Reflecting on Earth as Sacred Community* (San Francisco: Sierra Club Books, 2006) 及 *The Great Work: Our Way Into the Future* (New York: Three Rivers Press, 1999)。

Acknowledgements

謝辭

我謹用感恩的心向許多朋友和同事致謝，他們在遠征探險中的付出，對本系列講座啟發良多。在國家地理學會中，我想感謝 Terry Garcia 還有他的「任務計畫」團隊：Susan Reeve、Jim Bullard、Lynn Cutter、Greg McGruder、Deborah Benson、Mark Bauman 還有 Oliver Payne、Tim Kelly、Chris Leidel、Terry Adamson、John Fahey、John Rasmus、Keith Bellows 和 Spencer Wells。《世界盡頭的光明》系列影片源自國家地理頻道（加拿大）和多倫多紀錄片製作公司 90th Parallel Productions，和國家地理頻道（國際版）有合作關係。多謝 Gordon Henderson、Cindy Witten、Stephen Hunter、Martha Conboy，特別要感謝 Sydney Suissa 和 Andrew Gregg，他們執導了這四部影片。Gregg 和我合作過加拿大廣播公司傳記系列《生活與時代》中的一集。想將我的書《世界盡頭的光明》拍成較長系列的想法，萌發自這個計畫，也促成美好的合作。Rick Boston、Wade Carson、Paul Freer、Mike Josselyn、Geoff Matheson、Sanjay Mehta 和 John Tran 在現場和攝影棚都

有傑出表現，對此我要特別致謝。

感謝尼泊爾的息桑阿尼（Tsetsam Ani）、巴馬（Sherab Barma）、凱利（Thomas Kelly）、理查（Matthieu Ricard）、初璽仁波切（Trulshik Rinpoche），特別感謝鄧漢（Carroll Dunham）。在北極，要謝謝伊格魯利克和卡納克兩地，特別感謝約翰・阿那席克（John Arnatsiaq）、詹斯・丹尼爾森（Jens Danielsen）、迪克森（Graham Dickson）、爾利奇（Gretel Ehrlich）、泰歐・伊庫瑪克（Theo Ikummaq）、歐拉育克・納奇塔維克（Olayuk Narqitarvik）和瑪莎・納奇塔維克（Martha Narqitarvik）。國家地理學會的迪南（Lori Dynan）向我介紹了奈諾亞・湯普森（Nainoa Thompson）和玻里尼西亞航海協會。特別感謝迪南和奈諾亞，還有卡伊烏拉尼・莫菲（Ka'iulani Murphy）、陶普（Tava Taupu）、歐瑪（Jeffrey Omai）和馬塢・皮艾魯格（Mau Piailug）。對拉帕努伊的指導和理解，我要感激我的朋友 Claudio Cristino、Alexandra Edwards、Edmundo Edwards 和 Patricia Vargas。在秘魯，萊恩哈德（Johan Reinhard）和卡拉烏帕（Nilda Callañaupa）分享了他們獨特的經驗與知識。我和兩位相識多年，跟他們在一起時永遠都很快樂。

關於第二部的系列影片，我要感謝國家地理電視台為國家地理頻道製作的另外四小時影片，工作人員包括：Hunter 和 Suissa，還有 Marie Wiljanen、Victoria Kirker、Cherry Yates、Korin Anderson、Tobias Louie、Nicole Teusch、Carrie Regan，特別感謝 John Mernit 和他在國家地理電視台的團隊。能與三位別具靈光的導演合作，殊感榮幸，包括：在內華達山脈時的 Graham Townsley、在澳洲時的 David Shadrack Smith 以及他在 Part2Pictures 公司的同事，還有在蒙古與哥倫比亞西北亞馬遜時的 Reid。也要謝謝 Jim Cricchi、Cindy D'Agostino、Robert Neufeld、Emmanuel Mairesse 和 Dan Marks。

在日本，我要感謝 Gaynor Sekimori，他打開了通往天台僧侶以及修驗道的豐富傳統之門。Werner Wilbert 則跟我介紹了奧里諾科河三角洲威尼基納的瓦勞族。在 Peter von Puttkamer 的陪伴下，我走過瓦哈卡的馬薩特克、新墨西哥的納瓦霍族還有厄瓜多的柯芬族，接受 Randy Borman 在那兒的親切接待。Charles Lindsay 跟我介紹西比路島的明打威。在蒙古，我有幸能跟以下人士共事：Dalanbayor、Jendupdorj、Mukhdalai 與其家人，Lama Pasang Suren、Lama Lusang Ravjam、Namjin 與其家人、Thomas Kelly、Carroll

Dunham、Alfonse Roy、Nandu Kumar，和 Bat Amgalan Lhagvajav。

在哥倫比亞聖瑪爾塔內華達山脈，要感謝 Jaime Andres Cujaban、Ramon Gill、Roberto Mojica、Peter Diaz Porta、Roy、Eugenio Villafaña、Danilo Villafaña 和 Rogelio Mejia，也要感謝許多正式歡迎跟我們合作的原住民組織：Bunkwanarrua Tayrona、Organización Gonavindua Tayrona、Organización Wiwa Yugumaian、Organización Indígena Kankwama、Confederación Indígena Tayrona。

在澳洲，Carrie Williamson 為我們引介傑出的人類學家 Adam McFie，然後他將我們依次帶進康比翁（Otto Bulmaniya Campion）和其妻及兩人的美好家庭裡，還有 Peter Djigirr、Peter Girrikirri、Richard Bandalil。也要感謝 Ramingining Rangers、Lindsay Wile、Jeremy Ashton、Ray Whear 還有 Jawoyn Association，同時感謝人類學家 Bob Tonkinson 的建議與指導。

在巴拉薩那及其鄰近地帶的時光，得到美國駐哥倫比亞大使 Carolina Barco 以及其同事 Denisse Yanovich、Mercede Hannabergh de Uribe、Edgar Ceballos 將軍的協助。與皮拉巴拉那原住民首領協會（Asociación de Capitanes Indígenas de Piráparaná, ACAIPI）和皮拉巴拉那民族的合作是由我的好朋友希迪布蘭（Martin von Hilderbrand）和他在 Fundación Gaia Amazonas 的同事所促成，包括 Nelson Ortiz、Silvia Gomez、Natalia Hernández 和 Jorge Kahi。在田野實地，人類學家史帝芬 · 休瓊斯加入我們，他分享了他的淵博知識，他在此熱切奉獻了一生。我們沿途都由頗富深度、見地與敏感度的巴拉薩那和馬庫那學者擔任嚮導：Maximiliano García、Roberto Marín、Ricardo Marín、Rosa Marín、Reinel Ortega。我們的工作團隊與 Ryan Hill、Peter Diaz Porta、Yesid Ricardo Vasquez 和 Diana Rico 共事愉快。也要感謝皮拉巴拉那原住民首領協會及流域的所有部落和民族。

本書尾聲簡要地提到進入撒哈拉的旅程，這全是 Roberto Cerea 和他「橫越非洲」卓越團隊的功勞。以下是與我們共同冒險並不吝分享其智慧的人：Alex and Caroline Chadwick、Isa Mohamed、Baba Omar 和 Salem Ould 教授。在東非，我的嚮導 Kevin Smith 和 Jonathan Lengalen。在砂勞越，我則要感謝所有本南族人和其支持者，尤其是 Lejeng Kusin、Anderson Mutang Urud、Asik Nyelit、Tu'o Pejuman 和 Mutang Tu'o、Ian Mackenzie、Bruno Manser 和 Peter Brosius。

對於所有人事物，所有讓這些冒險成為可能的友情，還有提供住所讓我們落腳的人們，我要感謝 Darlene and Jeff Anderson、Monty and Pashan Bassett、Tom Buri、Natalie Charlton、Lavinia Currier、Simon and Cindy Davies、Oscar Dennis、Lindsay and Patti Eberts、Clayton and Caryl Eshleman、Stephen Ferry、Guujaaw、Peter Jakesta、Sven Lindblad、Barbara and Greg MacGillivray、Peter Matson、David Maybury-Lewis）、Frederico Medem、Richard Nault、Richard Overstall、Tim Plowman、Travis Price）、Rhoda Quock、Tom Rafael、Chris Rainier、Gerardo Reichel-Dolmatoff、Richard Evans Schultes、Dan Taylor、Kevin Smith、Peter and Sheera von Puttkamer、Tim Ward 和 Leo and Angie Wells。

加拿大廣播公司裡，我要感謝 Philip Coulter 和 Bernie Lucht。在阿南西出版社（House of Anansi Press）中，我要感謝 Lynn Henry，他是非常優秀的編輯，還有 Sarah MacLachlan、Laura Repas、Janie Yoon 和 Bill Douglas 的封面設計。

一如既往，最後的感謝之言送給我的姊妹 Karen 及我鍾愛的家人 Gail、Tara 和 Raina。

Index

名詞對照

Aborigines, Australian
原住民，澳洲人
"Australia, Aborigines of ""accidental drift"" theory"
澳洲原住民的「意外漂流」理論
Africa:
非洲
climate change in
非洲氣候變遷
colonization of
非洲殖民
as cradle of humanity
非洲作為孕育人類的搖籃
famines in
非洲饑荒
hominid lineage in
非洲人科動物系譜
human migration away from
非洲人類遷徙遠離
Kaisut Desert people of
非洲凱蘇特沙漠民族
San people of
非洲桑族人
and slaughter/dispossession of indigenous peoples
非洲屠殺 / 驅逐原住民
violence/atrocities in
非洲暴力 / 殘暴行為
agriculture:
農業
of Amazon
亞馬遜流域農業
of Andean Cordillera
安地斯山脈農業
of Neolithic period
新石器時代農業
of Sierra Nevada
內華達山脈農業
Alemseged, Zeresenay
阿連賽吉德

al Qaeda
蓋達組織
Amarnath Cave (Kashmir)
阿瑪納斯石窟
Amazon River
亞馬遜河
and rainforest
亞馬遜河及雨林
agriculture of
亞馬遜河農業
ancient civilizations of
亞馬遜河古文明
botany of
亞馬遜河植物學
ecosystem of
亞馬遜河生態系統
name of
亞馬遜河之名
popular accounts of
亞馬遜河廣為流傳的記述
Amazon River and rainforest, exploration of:
亞馬遜河及雨林的探索
Carvajal's account of
卡發耶探索的記述
by Condamine
康達明的探索
by Orellana
奧雷亞納的探索
Pinell's account of
皮內爾探索的描述
by Pizarro
皮札羅的探索
by Robuchon
霍布雄的探索
by Whiffen
韋芬的探索
Amazon River and rainforest, peoples of:
亞馬遜河及雨林的民族
agriculture of
亞馬遜河雨林民族的農業
and ancient civilizations
亞馬遜河雨林的民族與古老文明
anthropological study of
亞馬遜河雨林民族的人類學研究
European attitude towards
歐洲人對亞馬遜河雨林民族的態度
female warriors
亞馬遜河雨林的女戰士
slaughter of
對亞馬遜河雨林民族的屠殺
Spanish contact with
西班牙人與亞馬遜河雨林民族的接觸
Barasana (people)
巴拉薩那（族）
Peoples of the Anaconda
巨蟒之族
see also specific peoples
另見特定民族
Amazons (female warriors)
亞馬遜（女戰士）
Anaconda, Peoples of the
巨蟒之族
Barasana (people)
巴拉薩那（民族）
Peoples of the Anaconda
巨蟒之族
Andean Cordillera
安地斯山脈
author's visits to
作者造訪安地斯山脈
peoples of
安地斯山脈的民族
boundary-running ritual of
安地斯山脈邊境賽跑的儀式
pilgrimages of
安地斯山脈的朝聖之旅
Qoyllur Rit'i Festival/pilgrimage of
安地斯山脈星雪祭 / 朝聖之旅
and reverence for coca
安地斯山脈與對古柯葉的崇敬

and Spanish arrival/conquest
安地斯山脈與西班牙的抵達／征服
See also coca; Inca
另見古柯葉；印加
Andean Cordillera
安地斯山脈
sacred geography of
安地斯山脈的神聖地理學
earth essence of
安地斯山脈的土地本質
mountain deities of
安地斯山脈的山神
and reverence for coca
安地斯山脈與對古柯葉的崇敬
See also coca; Inca
另見古柯葉；印加
Andes
安地斯
Anglo-Peruvian Rubber Company
英國秘魯橡膠公司
Antakillqa (Andean apu)
安塔基卡（安地斯山神）
anthropology
人類學
in Amazon
亞馬遜的人類學
cultural
文化人類學
and eugenics
人類學與優生學
and evolutionary theory
人類學與演化理論
and ideology
人類學與意識型態
and imperialism
人類學與帝國主義
physical
體質人類學
and race/ racial superiority
人類學與種族／種族優越
Aotearoa (New Zealand)
奧特亞羅瓦（紐西蘭）
Apaporis, Río
阿帕波里斯河
apus (Andean mountain deities)
阿普（安地斯山神）
Arctic
北極
author's visits to
作者造訪北極
climate change in
北極的氣候變遷
and creation of Nunavut
北極與努那伏的建立
Franklin expedition through
(See also Greenland)
富蘭克林橫越北極的探勘（另見格陵蘭）
Inuit
因紐特人
Argentina
阿根廷
indigenous peoples of
阿根廷原住民族
Arhem, Kaj
奧爾赫姆
Arhuacos (people)
阿爾瓦科（族）
Ariaal (people)
阿里爾（族）
Arnatsiaq, John
約翰・阿那席克
Arnhem Land (Australia)
安恆地（澳洲）
author's sojourn among Aborigines of
作者旅居於安恆地原住民當中
Ausangate (Andrean apu)
河桑蓋特山（安地斯山神）
Australia
澳洲

ancient migration to
遠古遷徙至澳洲
Australia, Aborigines of
澳洲原住民
Ancestors of
澳洲原住民的祖先
author's sojourn among
作者旅居於澳洲原住民之中
British/European contact with/contempt for
英國／歐洲與澳洲原住民的接觸／蔑視
clan territories of
澳洲原住民的宗族領土
cosmology of
澳洲原住民的宇宙論
Dreamtime/ Dreaming of
澳洲原住民的夢時／夢國度
and duty to preserve the land
澳洲原住民與保存土地之責
government control of
政府對澳洲原住民的控制
hunting by
澳洲原住民的狩獵
and life on the land
澳洲原住民在土地上的生活
and loss of languages
澳洲原住民與語言的消逝
and Rainbow Serpent
澳洲原住民與彩虹巨蟒
rituals of
澳洲原住民的儀典
social structure/connectivity of
澳洲原住民的社會結構與連結
Songlines of 澳洲原住民的歌徑
time as non-existent for
時間不存在於澳洲原住民中
violence against
對澳洲原住民的暴力
Australopithecus afarensis
阿法南猿
Avicenna
伊本西那
ayahuasca (yagé)
死藤水（亞赫）
Aztecs
阿茲提克
Baffin Island (Nunavut)
巴芬島（努那伏）
Boas's work in
鮑亞士在巴芬島的研究
See also Arctic; Inuit
另見：北極；因紐特
Balboa, Vasco Núñez de
巴爾波
Balée, William
柏利
Bangladesh
孟加拉共和國
Banks, Joseph
約瑟夫 · 班克斯
Barasana (people)
巴拉薩那（族）
agriculture of
巴拉薩那族的農業
and anaconda
巴拉薩那族與巨蟒
Ancestral Mother of
巴拉薩那族的大地之母
anthropologists among
巴拉薩那族中的人類學者
author's sojourns among
作者旅居於巴拉薩那族中
coca and yagé use by
巴拉薩那族使用古柯葉與亞赫
cosmology of巴拉薩那族的宇宙論
culture heroes of
巴拉薩那族的文化英雄
fertility ceremony of
巴拉薩那族的豐收慶典
He spirits of 巴拉薩那族的「欸」靈魂

hunting and fishing by
巴拉薩那族的狩獵和打漁
importance of nature to
大自然對巴拉薩那族的重要性
importance of rivers to
河流對巴拉薩那族的重要性
maloca (longhouse) of
巴拉薩那族的馬洛卡（長屋）
missionaries among
巴拉薩那的傳教士
origin myth of
巴拉薩那族的起源神話
rituals of
巴拉薩那族的儀典
sacred geography of
巴拉薩那族的神聖地理學
shamans of
巴拉薩那的薩滿
time as non-existent for
巴拉薩那不存在時間觀念
See also Peoples of the Anaconda
另見巨蟒之族
Barco Vargas, Virgilio
巴爾加斯
Barma, Sherab
巴馬
Berry, Father Thomas
貝瑞神父
Bingham, Hiram
賓漢
Blahyi, Joshua Milton
布雷希
Boas, Franz
鮑亞士
Bodaluna Island (Trobriand Islands)
波達露娜島（特羅布里安群島）
Bolivia
玻利維亞
Bora (people)
波拉（族）
Boran (people)
波然（族）
Borneo
婆羅洲
commercial logging in
婆羅洲的商業伐木
Boxer Rebellion
義和團事件
Brahmaputra River
雅魯藏布江
Brazil
巴西
breadfruit
麵包果
British Columbia
英屬哥倫比亞
forestry in
英屬哥倫比亞的林業
insect infestation in
英屬哥倫比亞的蟲害
mining/resource extraction proposals in
英屬哥倫比亞的礦業 / 資源汲取計畫
Sacred Headwaters of
英屬哥倫比亞的神聖水源地
Brussels Act of 1892
1892 年布魯塞爾法
Buck, Sir Peter (Te Rangi Hiroa)
彼得・布克爵士（Te Rangi Hiroa）
Buddhism, Tibetan
藏傳佛教
dharma of
藏傳佛教達摩
Diamond Sutra of
藏傳佛教的金剛經
Four Noble Truths of
藏傳佛教的四聖諦
mantra of
藏傳佛教祈禱文
and preparation for death
藏傳佛教與對死亡的準備

and wisdom of Tsetsam Ani
藏傳佛教與息桑阿尼的智慧
buffalo
水牛
Califia (mythical queen)
柯麗菲亞（神話裡的女王）
Cambodia
柬埔寨
camels
駱駝
caravans of
駱駝商隊
and navigation
駱駝與導航
Campion, Otto Bulmaniya
康比翁
and family of
康比翁與他的家庭
Caquetá, Río
卡奎塔河
Carneiro, Robert
卡內羅
Carson, Rachel
卡森
Carvajal, Gaspar de
卡發耶
cassava (manioc)
樹薯（木薯）
cave art
洞穴藝術
of Upper Paleolithic period
舊石器時代後期的洞穴藝術
Eshleman's study of
艾許勒曼關於洞穴藝術的研究
Frye on
弗萊描寫洞穴藝術
skill and technique of
洞穴藝術的技藝與技巧
unchanging nature of
洞穴藝術不變的本質
Cebu (Philippines)
宿霧（菲律賓）
Chagga (people)
查加（族）
Charles V of Spain
西班牙查理五世國王
China
中國
ancient migration to
移居中國的古代遷徙
Boxer Rebellion in
中國義和團事件
and invasion/occupation of Tibet
中國與侵襲 / 佔領圖博
under Mao
毛澤東掌權下的中國
sweatshops in
中國的血汗工廠
Chinchero (Peru)
欽切羅（秘魯）
boundary running ritual in
欽切羅的繞境賽跑儀式
Churchill, Winston
邱吉爾
climate change
氣候變遷
glacial
冰河氣候變遷
and Inuit
氣候變遷與因紐特人
See also environment, destruction of
另見環境的破壞
coalbed methane (CBM) gas
煤層甲烷氣體
extraction of
煤層甲烷氣體的開採
coca
古柯葉
in Andean culture
安地斯文化的古柯葉

author's study of
作者對古柯葉的研究
in Barasana culture
巴拉薩那文化裡的古柯葉
as "Divine Leaf of Immortality"
古柯葉做為「不朽的神聖之葉」
exchange of
古柯葉的交換
and Inca
古柯葉與印加帝國
as introduced to Sierra Nevada
古柯葉被引進內華達山脈時
isolation of cocaine from
將古柯鹼從古柯葉中分離出來
nutritional value of
古柯葉的營養價值
war against
打擊古柯葉之戰
cocaine
古柯鹼
medicinal uses of
古柯鹼的醫學用途
and violence in Sierra Nevada
內華達山脈的古柯鹼與暴力
war against
打擊古柯鹼之戰
Colombia
哥倫比亞
and land rights of indigenous peoples
哥倫比亞以及原住民族群的土地權
Mitú
哥倫比亞米圖
Sierra Nevada de Santa Marta
哥倫比亞聖瑪爾塔內華達山脈
Vaupés region of
哥倫比亞沃佩斯流域
See also Peoples of the Anaconda
另見巨蟒之族
Colquepunku glacier
寇科本庫冰河
Columbus, Christopher
哥倫布
Condamine, Charles Marie de la
康達明
Congo, Democratic Republic of
剛果民主共和國
Congo Free State
剛果自由邦
Congress of Berlin
柏林會議
Conrad, Joseph
康拉德
Cook, James
庫克（船長）
Cook Islands
庫克群島
Coon, Carleton
庫恩
Cortés, Hernán
柯蒂斯
Cubeo (people)
庫貝歐（族）
cultural anthropology
文化人類學
and work of Boas
文化人類學與鮑亞士的成果
and work of Malinowski
文化人類學與馬凌諾斯基的成果
Cultural Revolution in China
文化大革命
culture
文化
and anthropology
文化與人類學
Boas's recognition of
鮑亞士對文化的認識
cave art origins of
洞穴藝術的文化起源
and ethnocide
文化與種族屠殺

and ethnosphere
文化與種族文化圈
and extreme ideologies
文化與極端意識形態
importance of
文化的重要性
as increasingly urban
日益都市化的文化
and language
文化與語言
vs. power/ domination
文化與權力 / 宰制
culture, Western
西方文化
"and "civilization"" of others"
西方文化與其他「文明」
and domination/brutalization of others
西方文化與對其他文化的宰制 / 暴行
and economic exploitation of others
西方文化與對其他文化的經濟剝削
and environmental destruction
西方文化與環境破壞
and homelessness
西方文化與無家可歸
and man's landing on moon
西方文化與人類登陸月球
"modernity" of
西方文化的「現代性」
myopia/failures of
西方文化的短淺目光與失敗
"revitalization movements," as responses to
回應西方文化的復興運動
curare
箭毒
and d-Tubocurarine
箭毒與右旋管箭毒
Curzon, George Nathaniel
寇松
Cusco (Inca capital)
庫斯科（印加帝國首都）
Dalai Lama
達賴喇嘛
Danielsen, Jens
詹斯 ・ 丹尼爾森
Darwin, Charles
達爾文
dead reckoning
航位推算法
Denevan, William
德尼文
Desana (people)
德薩納（族）
Descartes, René
笛卡兒
Disrobing the Aboriginal Industry
(Widdowson/Howard)
《脫去原住民產業外衣》（威朵森 / 霍華）
DNA
脫氧核糖核酸（DNA）
as indicator of human history/migration
脫氧核醣核酸作為人類歷史 / 遷徙的指標
mutations of
脫氧核醣核酸突變
of San
閃族的脫氧核醣核酸
Dogon (people)
多貢（族）
Dongba (hieroglyphic language)
東巴文（象形文字語言）
Dreamtime/Dreaming
夢時 / 夢國度
of Australian Aborigines
澳洲原住民的夢時 / 夢國度
Dumont d' Urville, Jules-Sébastien-César
杜蒙
Easter Island (Rapa Nui)
復活島（拉帕努伊）
and voyage of Hokule'a
復活島與雙身獨木舟航行

Ehrlich, Gretel
爾利奇

Einstein, Albert
愛因斯坦

environment, destruction of
環境的破壞

- attention paid to
  開始關注環境破壞
- and climate change
  環境破壞與氣候變遷
- in developing countries
  開發中國家的環境破壞
- by logging/ timber industry
  伐木與林業造成的環境破壞
- by mining/ methane extraction
  採礦與沼氣開採造成的環境破壞
- by rubber industry
  橡膠產業造成的環境破壞
- in Sierra Nevada
  內華達山脈的環境破壞

Eshleman, Clayton
艾許勒曼

Ethiopia
衣索比亞

ethnocide
種族屠殺

- examples of
  種族屠殺的例子

ethnography
民族誌

- and work of Boas
  民族誌與鮑亞士的田野工作
- and work of Malinowski
  民族誌與馬凌諾斯基的田野工作

ethnosphere
族群文化圈

eugenics
優生學

Europe
歐洲

- ancient migration to
  古代遷徙至歐洲
- cave art in
  歐洲的洞穴藝術

European contact
歐洲大探險

- with indigenous peoples
  歐洲大探險與原住民族的接觸
- in Africa
  歐洲人在非洲的大探險
- in Amazon rainforest
  歐洲人在亞馬遜雨林的大探險
- in Andean Cordillera
  歐洲人在安地斯山脈的大探險
- and anthropology
  歐洲大探險與人類學
- in Australia
  歐洲人在澳洲的大探險
- in Borneo
  歐洲人在婆羅洲的大探險
- in Marquesas
  歐洲人在馬克薩斯的大探險
- in Polynesia
  歐洲人在玻里尼西亞的大探險
- See also anthropology; culture, Western
  另見人類學；西方文化

Everest, Mount
聖母峰

evolutionary theory
進化論

- and anthropology
  進化論與人類學
- and view of indigenous peoples
  進化論與原住民族的看法

FARC (Fuerzas Armadas Revolucionarias de Colombia)
哥倫比亞革命軍

Fernández de Queiros, Pedr
奎洛斯

Fiji
斐濟

First Nations
第一民族
acknowledgement of
承認第一民族
government actions against
政府打壓第一民族的行動
and Sacred Headwaters (B.C.)
第一民族與神聖水源地（英屬哥倫比亞省）
and spirituality of forests
第一民族與森林的靈性
as viewed in evolutionary context
演化概念下的第一民族
See also Inuit; Plains Indians;
see also specific peoples
另見因紐特；平原印第安人；另見特定民族
foods, indigenous
原住民食物
breadfruit
麵包樹果
cassava (manioc)
樹薯（木薯）
sweet potato
甘藷
yams
番薯藤
See also plants, indigenous
另見原住民植物
forestry
商業性林業
in Borneo
婆羅洲的商業性林業
in British Columbia
英屬哥倫比亞的商業性林業
See also Amazon River and rainforest entries
另見亞馬遜河與森林條目
Fortune Minerals Limited
財富礦產公司
France
法國
cave art in
法國洞穴藝術
Franklin, John, Arctic expedition of
富蘭克林北極遠征隊
Freuchen, Peter
弗洛全
Fundación Gaia Amazonas
亞馬遜蓋亞基金會
Frye, Northrop
弗萊
Gabra (people)
賈布拉（族）
Galeano, Eduardo
加萊亞諾
Ganges River
恆河
García, Maximiliano
賈西亞
genetics
基因學
and classification of humans
基因學與人類的分類
as indicator of human history/migration
基因學作為人類歷史 / 遷徙的指標
and race/racial superiority
基因學與種族優越
Genographic Project
(National Geographic Society)
基因地理計劃（國家地理學會）
geography, sacred
神聖地理學
See sacred geography
見神聖地理學
George, Father
喬治神父
Gill, Ramon
吉爾
Gitxsan (people)
吉特克桑（族）

glaciers
冰河
  and climate change
  冰河與氣候變遷
  Colquepunku
  寇科本庫冰河
Greenland
格陵蘭
  author's journey to
  作者前往格陵蘭旅行
  Ikummaq's journey to
  伊庫瑪克前往格陵蘭旅行
Gregg, Andy
葛雷格
Guujaaw (Haida leader)
古裘（海達領袖）
Haida/Haisla (people)
海達／海斯拉（族）
Hale, Ken
海爾
Hall, Charles Francis
霍爾
Hawaii
夏威夷
  ancient voyages to
  古老的夏威夷航行
  and Hokule'a's voyage to Rapa Nui
  夏威夷與雙身獨木舟前往拉帕努伊的航程
  settlement of
  移居夏威夷
Heyerdahl, Thor
海爾達
Hokule'a (vessel)
雙身獨木舟
  author's voyage on
  作者的在雙身獨木舟上的航行
  as axis mundi
  雙身獨木舟作為世界之軸
  cultural importance of
  雙身獨木舟的文化重要性
  first deep sea voyage of
  雙身獨木舟首次深海航程
  speed of
  雙身獨木舟的速度
  and voyage from Hawaii to Rapa Nui
  雙身獨木舟從夏威夷到拉帕努伊的航程
Homo erectus
直立猿人
Homo sapiens
智人
  and Neanderthals
  智人與尼安德塔人
  Neolithic period
  智人與新石器時代
  subspecies of
  智人的次人種
  Upper Paleolithic cave art of
  舊石器時代後期智人的洞穴藝術
Huayna Picchu (apu)
華納比丘（阿普）
Hugh-Jones, Christine
克莉絲汀・休瓊斯
Hugh-Jones, Stephen
史帝芬・休瓊斯
Huitoto (people)
胡伊多多（族）
"Ice Maiden" (archaeological remains)
「冰少女」（考古遺骸）
ideology
意識形態
  and anthropology
  意識形態與人類學
  extreme forms of
  意識型態的極端型式
Igloolik (Nunavut)
伊格魯利克（努納伏）
  and assimilation of Inuit
  伊格魯利克（努納伏）與因紐特的同化

explorers in
在伊格魯利克（努納伏）的探險家
and Ikummaq's journey to Greenland
伊格魯利克與伊庫瑪克（努納伏）
至格陵蘭之旅
missionaries in
在伊格魯利克（努納伏）的傳教士
See also Inuit Ikummaq, Theo
另見因紐特人泰歐 · 伊庫瑪克
imperialism
帝國主義
and anthropology
帝國主義與人類學
Imperial Metals Corporation
帝國金屬公司
Inca
印加
archaeological study of
印加的考古研究
architecture of
印加建築
capital of (Cusco)
印加首都（庫斯科）
cosmology of
印加的宇宙論
language of
印加語
last redoubt of
印加最後的據點
"lost city" of (Machu Picchu)
印加的「失落城市」（馬丘比丘）
mountain deities of
印加山神
pilgrimages of
印加朝聖之旅
and reverence for coca
印加與對古柯葉的崇敬
sacred geography of
印加的神聖地理學
sacrifice of children by
印加的孩童獻祭
and Spanish arrival/conquest
印加與西班牙到來 / 征服
India
印度
indigenous peoples
原住民
and cultural anthropology
原住民與文化人類學
forced settlement of
原住民遭強迫定居
land rights of
原住民土地權
measurement/ photography of
對原住民的測量 / 攝影
and sacred geography
原住民與神聖地理學
as "savages,"
原住民被視為「野人」
as skeptical of migration theory
原住民對遷徙理論抱持懷疑
slaughter/dispossession of
屠殺 / 驅逐原住民
as viewed in evolutionary context
把原住民放在演化論的觀點檢視
Westernization of
原住民的西化
See also specific peoples
另見特定民族
indigenous plants and foods
原生的植物與食物
See foods, indigenous; plants, indigenous
見原生食物；原生植物
Indus River
印度河
Intihuatana (sacred stone of Machu Picchu)
拴日石（馬丘比丘聖石）
Inuit
因紐特

Boas's work with
鮑亞士對因紐特人的田野調查工作
British contact with
英國人與因紐特人的接觸
and climate change
因紐特與氣候變遷
and creation of Nunavut
因紐特與努納伏地建立
dogs of
因紐特的狗
government assimilation of
政府同化因紐特
government resettlement of
政府重新配置因紐特的居住地
hunting by
因紐特的狩獵
as people of the ice
因紐特做為冰之民族
shamans of
因紐特薩滿
surnames assigned to
冠給因紐特人的姓氏
survival skills of
因紐特人的生存技巧
Iskut River
伊斯庫河
people of
伊斯庫河邊的人
Islam
伊斯蘭教
Jamaica
牙買加
Rastafarian movement in
牙買加的拉斯特法里運動
Japan
日本
Tendai monks of
日本天台宗的僧侶
Kailash, Mount (Tibet)
岡仁波齊峰（圖博）
and sacred headwaters of
岡仁波齊峰（圖博）與其神聖水源地
Kaisut Desert (Kenya)
凱蘇特沙漠（肯亞）
peoples of
凱蘇特沙漠（肯亞）民族
forced settlement of
凱蘇特沙漠（肯亞）民族被強迫定居
as nomadic
凱蘇特沙漠（肯亞）民族做為遊牧民族
social structure of
凱蘇特沙漠（肯亞）民族的社會結構
warriors of
凱蘇特沙漠（肯亞）民族的戰士
Ka'iulani (navigator)
卡伊烏拉尼（導航員）
Kalahari Desert
喀拉哈里沙漠
See also San (people)
另見桑（族）
Kenya
肯亞
See Kaisut Desert (Kenya), peoples of
見原生凱蘇特沙漠（肯亞）民族
Khyentse Rinpoche, Dilgo
欽哲仁波切
Kilimanjaro, Mount
吉利馬札羅火山
Kiowa (people)
卡奧華（族）
Sun Dance of
卡奧華（族）的日舞
Kogi (people)
高基（族）
Kon-Tiki (Heyerdahl raft)
康堤基（海爾達船筏）
Koonoo, Ipeelie
庫努
Korr (Kenya)
柯爾（肯亞）

refugee settlement at
柯爾（肯亞）的難民屯居地
Kula ring
(Trobriand Islands system of reciprocity/exchange)
庫拉圈（特羅布里安群島互惠／交換體系）
author's experience of
作者的庫拉圈經驗
ceremonies of
庫拉圈的儀典
Malinowski's experience
馬凌諾斯基的庫拉圈經驗
vessels of
庫拉圈的船隻
Kwakwaka'wakw (people)
夸夸嘉夸（族）
and spirituality of forests
夸夸嘉夸（族）與森林的靈性
Lagos (Nigeria)
拉哥斯（奈及利亞）
Lakota (people)
拉柯塔（族）
Lang, John
藍
languages
語言
of Amazon
亞馬遜語言
of Australian Aborigines
澳洲原住民語言
and culture
語言與文化
of Inca
印加語言
loss of
語言消失
of Naxi
納西語
of Penan
本南語
of San
桑族語
Lapita (New Caledonia)
喇匹塔（新喀里多尼亞）
civilization of
喇匹塔文明
League of Nations Covenant
國際聯盟公約
Leopold II of Belgium
利奧波德二世
Letuama (people)
雷圖阿瑪（族）
Liberia
賴比瑞亞
Lim Keng Yaik
林敬益
Lincoln, Abraham
林肯
Linnaeus, Carl
林奈
and classification of humans
林奈與人類的分類
logging, commercial
商業伐木
in Borneo
婆羅洲的商業伐木
in British Columbia
英屬哥倫比亞的商業伐木
London
倫敦
London, Jack
傑克 · 倫敦
longitude
經度
discovery of
發現經度
López de Gómara, Francisco
戈馬拉
Machu Picchu
馬丘比丘

apu of
馬丘比丘的阿普
design of
馬丘比丘的設計
discovery of
馬丘比丘的發現
and Inca cosmology
馬丘比丘與印加宇宙論
sacred stone of (Intihuatana)
馬丘比丘聖石（栓日石）
Mackenzie, Ian
麥肯錫
Magellan, Ferdinand
麥哲倫
Mahathir bin Mohamad
馬哈迪
Makuna (people)
See also Barasana (people)
另見巴拉薩那（族）
Peoples of the Anaconda
另見巨蟒之族
Malaysia
馬來西亞
and Penan of Borneo
馬來西亞與婆羅洲本南族
See also Penan (people)
另見本南（族）
Maldives
馬爾地夫
Mali
馬里
Malinowski, Bronislaw
馬凌諾斯基
maloca (Barasana longhouse)
馬洛卡（巴拉薩那長屋）
mamos (priests of Sierra Nevada)
瑪莫（內華達山脈祭司）
training of
瑪莫（內華達山脈祭司）的訓練
Manaus (Brazil)
瑪瑙斯（巴西）
manioc (cassava)
木薯（樹薯）
Manser, Bruno
曼瑟
Mao Zedong
毛澤東
Marajó (island in Amazon River)
馬拉若島（亞馬遜河中的島嶼）
Marin, Ricardo
馬林
Marquesas Islands
馬克薩斯群島
civilization of
馬克薩斯群島的文明
Spanish contact with
西班牙人與馬克薩斯群島的接觸
and tapu
馬克薩斯群島與聖誡
Martinez de Zuniga, Joaquín
馬地內斯
Marxism
馬克思主義
failure of
馬克思主義的失敗
Matthiessen, Peter
馬修森
Mazatec (people)
馬薩特克（族）
Mead, Margaret
瑪格麗特・米德
Medem, Federico
梅達姆
Meggers, Betty
梅格斯
Melanesia
美拉尼西亞
Malinowski's work in
馬凌諾斯基在美拉尼西亞的田野調查工作

Mendaña de Neira, Álvaro
內拉
Mentawai (people)
明打威（族）
Mexico
墨西哥
Micronesia
密克羅尼西亞
mining/resource extraction
採礦 / 資源榨取
as proposed at Sacred Headwaters (B.C.)
採礦 / 資源汲取如同在英屬哥倫比亞省神聖水
源地
的計畫
missionaries
傳教士
and Australian Aborigines
傳教士與澳洲原住民
and Barasana
傳教士與巴拉薩那
and Inuit
傳教士與因紐特
on Spanish expeditions
西班牙探險隊的傳教士
Mitú (Colombia)
米圖（哥倫比亞）
monstrosus (subspecies)
異類（亞種）
moon
月球
man's landing on
人類登陸月球
Morgan, Lewis Henry
路易斯 · 亨利摩根
mujonomiento (Andean boundaryrunning ritual)
繞境賽跑（安地斯山脈邊境跑步儀式）
Mutang Urud, Anderson
烏魯
Napo, Río
納波河
Narqitarvik, Olayuk
納奇塔維克
Nass River
納斯河
National Geographic Society
國家地理學會
Native Administration Act of 1936 (Australia)
一九三六年原住民管理法（澳洲）
navigation
導航
in Arctic
在北極
by dead reckoning
用航位推算法航行
and discovery of longitude
航行中發現經度
and getting lost/finding one's way back
航行中迷途 / 找到回程之途
Polynesian mystery of
波里尼西亞人航行之謎
in Sahara
在撒哈拉沙漠行進
See also wayfinders (Polynesian navigators)
另見導航員（玻里尼西亞導航員）
Naxi (people)
納西（族）
Nazi regime
納粹政權
Neanderthals
尼安德塔人
Negro, Río
尼格羅河
Nenets (people)
涅涅茨（族）
Neolithic period
新石器時代
Nepal
尼泊爾
See also Tsetsam Ani
另見息桑阿尼

New Caledonia
新喀里多尼亞
New Guinea
新幾內亞
See also Papua New Guinea
另見巴布亞新幾內亞
New Zealand (Aotearoa)
紐西蘭（奧特亞羅瓦）
Nisga'a (people)
尼斯加（族）
nomadic peoples
遊牧民族
of Kaisut Desert
凱蘇特沙漠的遊牧民族
Penan
本南族
Nunavut
努納伏
See also Arctic; Inuit
另見北極；因紐特
Nyelik, Asik
奈立克
old growth forests
原始森林
O'Malley, King
歐馬利
Orellana, Francisco de
奧雷亞納
Orinoco River
奧里諾科河
Ortega García, Reinel
奧蒂嘉
Ould, Salem
歐德
Oumar, Baba (navigator)
歐瑪（導航員）
Pachacuti (Inca ruler)
帕查庫特克（印加統治者）
Paleolithic period
舊石器時代
cave art of
舊石器時代的洞穴藝術
Papua New Guinea
巴布亞新幾內亞
See also New Guinea
另見新幾內亞
Papuri, Río
帕布里河
Parry, William
裴瑞
Penan (people)
本南（族）
activism by
本南族的社運
brutalization of
本南族的受殘暴對待
and commercial logging activity
本南族與商業伐木活動
forced settlement of
本南族被強迫定居
government attitude towards
政府對本南族的態度
and importance of sharing
本南族與分享的重要性
and kinship with forest
本南族與森林的親密關係
language of
本南族的語言
Manser's work among
曼瑟在本南族中的田野調查工作
as nomadic
身為游牧民族的本南族
oral tradition of
本南族人的口說傳統
social structure of
本南族的社會結構
and view of homelessness
本南族對流浪漢的觀點
Peoples of the Anaconda
巨蟒之族

ceremonies/rituals of
巨蟒之族的慶典／儀式
coca and yagé use by
巨蟒之族對古柯葉與亞赫的使用
importance of rivers to
河流對巨蟒之族的重要性
land rights given to
賦予巨蟒之族的土地權
languages of
巨蟒之族的語言
marriage and familial structure of
巨蟒之族的婚姻與家庭結構
origin myth of
巨蟒之族的起源神話
sacred geography of
巨蟒之族的神聖地理學
shamans of
巨蟒之族的薩滿
See also Barasana (people); Makuna (people)
另見巴拉薩那（族）；馬庫那（族）
see also specific peoples
另見特定民族
Peru
秘魯
boundary-running ritual in
秘魯繞境賽跑儀式
and Heyerdahl voyage
秘魯海爾達的航行
and Orellana expedition
秘魯與奧雷亞納探險隊
Qoyllur Rit'i Festival
秘魯星雪祭
pilgrimage in
祕魯朝聖之旅
sacred geography of
秘魯的神聖地理學
Shining Path politics in
秘魯光明之路游擊隊政治學
and Spanish arrival/ conquest
秘魯與西班牙到來／征服
See also Andean Cordillera entries;
Inca; Machu Picchu
另見安地斯山脈條目；印加；馬丘比丘
phrenology
顱相學
physical anthropology
體質人類學
Piailug, Mau (navigator)
馬塢 · 皮艾魯格（導航員）
and first deep sea voyage of Hokule'a
馬塢 · 皮艾魯格（導航員）
與雙身獨木舟的深海首航
as Nainoa Thompson's mentor
馬塢 · 皮艾魯格（導航員）
身為奈諾亞 · 湯普森的心靈導師
training of
馬塢 · 皮艾魯格（導航員）受的訓練
Pinell, Gaspar de
皮內爾
Pinker, Steven
平克
Piraparaná, Río
皮拉巴拉那河
Pizarro, Gonzalo
龔薩羅 · 皮札羅
Plains Indians
平原印第安人
and extermination of buffalo
平原印第安人與野牛消滅
government actions against
政府對平原印第安人的攻擊行動
Sun Dance of
平原印第安人的太陽舞
plants, indigenous
原生植物
as foods
原生植物做為食物之用
hallucinogenic uses of
原生植物的迷幻藥用途

medicinal/ pharmaceutical uses of
原生植物的藥用 / 醫藥用途
See also coca; cocaine
另見古柯葉；古柯鹼
Pleiades ("Seven Sisters")
昴宿星團（七姊妹）
Pol Pot
波布
Polynesia
玻里尼西亞
and "accidental drift" theory
玻里尼西亞與「意外偏航」理論
ancient civilization of
玻里尼西亞的古文明
classification/ naming of peoples in
玻里尼西亞民族的分類 / 命名
distances between islands in
玻里尼西亞島嶼間的距離
European exploration of/contact with
歐洲探險 / 接觸玻里尼西亞
Heyerdahl's theories about
海爾達關於玻里尼西亞的理論
indigenous foods of
玻里尼西亞的原生食物
migration to/ settlement of
移居 / 定居玻里尼西亞
mystery of navigation in
玻里尼西亞的航行之謎
oral traditions of
玻里尼西亞的口說傳統
seafarers of
玻里尼西亞的導航員
social structure of
玻里尼西亞的社會結構
and tapu
玻里尼西亞與聖誡
vessels of
玻里尼西亞的船隻
wayfinders of
玻里尼西亞的尋路人
See also specific islands
另見特定島嶼
see also Hokule'a (vessel);
wayfinders (Polynesian navigators)
另見雙身獨木舟（船隻）；
尋路人（玻里尼西亞導航員）
Polynesian Voyaging Society
玻里尼西亞航海學會
author's voyage with
作者與玻里尼西亞航海學會的航行
potlatch
冬季贈禮節
Putumayo, Río
普圖馬約河
Qaanaaq (Greenland)
卡納克（格陵蘭）
and journey to Qeqertarsuaq Island
卡納克（格陵蘭）與前往凱凱塔蘇瓦克島之旅
al Qaeda
蓋達組織
Qeqertarsuaq Island
凱凱塔蘇瓦克島
Qitdlarssuaq (Inuit shaman)
奇拉蘇雅克（因紐特薩滿）
Qoyllur Rit'i Festival/pilgrimage
星雪祭 / 朝聖之旅
and Ausangate
星雪祭 / 朝聖之旅與阿桑蓋特山
and chunchus vs. ukukus
星雪祭 / 朝聖之旅和強恰斯對上烏庫庫
and climate change
星雪祭 / 朝聖之旅與氣候變遷
and condenados
星雪祭 / 朝聖之旅與惡靈
and Inca ritual/cosmology
星雪祭 / 朝聖之旅和印加儀式 / 宇宙論
and mountain deities
星雪祭 / 朝聖之旅和山神
Quechua (Inca language)
蓋楚瓦語（印加語）

quinine
奎寧
Quito (Ecuador)
基多（厄瓜多）
race/racial superiority
種族／種族的優越
discrediting of
對種族優越的質疑
Rainier, Chris
瑞尼爾
Rapa Nui (Easter Island)
拉帕努伊（復活島）
and voyage of Hokule'a
拉帕努伊（復活島）與雙身獨木舟的航程
Rasmussen, Knud
庫納德・羅穆森
Fifth Thule Expedition of
第五次極地探勘
Rastafarian movement
拉斯特法里運動
Reichel-Dolmatoff, Gerardo
賴歇爾多爾馬托夫
Reinhard, Johan
萊恩哈德
Rendille (people)
朗迪耶（族）
"revitalization movements,"
復興運動
as cultural responses to Western domination
復興運動做為西方宰制的文化回應
Ricard, Matthieu
理查
Richards, Paul
理查茲
The Tropical Rain Forest
理查茲：熱帶雨林
rivers
河流
and Andean peoples
河流與安地斯民族
and glacial climate change
河流與冰河氣候變遷
and Peoples of the Anaconda
河流與巨蟒之族
sacred headwaters of (B.C.)
神聖水源地（英屬哥倫比亞省）
sacred headwaters of (Tibet)
神聖水源地（圖博）
See also Amazon River and rainforest entries;
Sacred Headwaters (British Columbia)
另見亞馬遜河和雨林條目；
神聖水源地（英屬哥倫比亞省）
Robuchon, Eugenio
霍布雄
Roca, Julio
羅卡
Roosevelt, Anna
羅斯福
Roosevelt, Theodore
西奧多·羅斯福
Royal Dutch Shell
荷蘭皇家殼牌公司
rubber
橡膠
extraction of
採集橡膠
sacred geography
神聖地理學
environmental destruction of
神聖地理學的環境破壞
of forests
森林的神聖地理學
and indigenous peoples
神聖地理學與原住民
of rivers
河流的神聖地理學
See also Andean Cordillera entries;
Sierra Nevada de Santa Marta entries
另見安地斯山脈條目；
聖瑪爾塔內華達山脈條目

Sacred Headwaters (British Columbia)
神聖水源地（英屬哥倫比亞）
proposed developments at
神聖水源地的開發計畫
sacred headwaters (Tibet)
神聖水源地（圖博）
Sahara Desert
撒哈拉沙漠
author's travels through
作者旅行越過撒哈拉沙漠
navigation in
在撒哈拉沙漠裡導航
and salt mine of Taoudenni
撒哈拉沙漠與陶德尼鹽礦
and Timbuktu
撒哈拉沙漠與廷巴克圖
Sahel
薩赫爾
Salcantay (Andean apu)
薩爾康提山（安地斯阿普）
salt mine
鹽礦
of Taoudenni (Mali)
陶德泥鹽礦（馬利）
Samburu (people)
山布魯（族）
Samoa
薩摩亞
San (people)
桑（族）
DNA of
桑族 DNA
and dry season
桑族與乾季
hunting by
桑族的狩獵
and importance of arrows
桑族以及弓箭的重要
language of
桑族語言
and rainy season
桑族與雨季
rites of passage for
桑族通行的儀式
spirituality of
桑族的靈性
Sarawak
砂勞越
Schultes, Richard Evans
舒茲
science/rationality vs. spirituality
科學／理智與精神性
Selassie, Haile
塞拉西
settlement/resettlement
定居地／重新移居
as forced on indigenous peoples
強迫原住民定居／重新移居
shamans
薩滿
of Inuit
因紐特薩滿
of Naxi
納西族巫師
of Upper Paleolithic period
舊石器時代晚期的薩滿
of Warao
瓦勞薩滿
shamans
薩滿
of Amazon peoples
亞馬遜民族的薩滿
modern-day
現代薩滿
rituals of
薩滿儀式
roles of
薩滿的角色
Romi Kumu as
身為薩滿的羅咪庫牧

Sharp, Andrew
索普
Sheridan, Philip
薛瑞丹
Shining Path
光明之路游擊隊
Siberia
西伯利亞
Siberut (Mentawai Islands)
西比路島（明打威島）
  and people of
  西比路島人
Sierra Nevada de Santa Marta (Colombia)
聖瑪爾塔內華達山脈
  author's visit to
  作者造訪聖瑪爾塔內華達山脈
Sierra Nevada de Santa Marta (Colombia)
聖瑪爾塔內華達山脈
  peoples of
  聖瑪爾塔內華達山脈的民族
  agriculture of
  聖瑪爾塔內華達山脈的農業
  cosmology of
  聖瑪爾塔內華達山脈的宇宙論
  as Elder Brothers
  聖瑪爾塔內華達山脈做為老大哥
  and environmental destruction
  聖瑪爾塔內華達山脈與環境破壞
  Great Mother of
  大地之母聖瑪爾塔內華達山脈
  priests (mamos)
  祭司（瑪莫）
  Spanish contact with
  西班牙人與聖瑪爾塔內華達山脈的接觸
  Tairona ancestors of
  聖瑪爾塔內華達山脈泰榮納民族的祖先
  as threatened by cocaine trade
  聖瑪爾塔內華達山脈正受到古柯鹼貿易的威脅
  See also specific peoples
  另見特定民族
Sinakara Valley (Peru)
西納卡拉山谷（秘魯）
  metaphysical power of
  西納卡拉山谷（秘魯）的形上能量
  miracle in
  西納卡拉山谷（秘魯）的神蹟
  Qoyllur Rit'i Festival/pilgrimage in
  西納卡拉山谷（秘魯）中的星雪祭／朝聖之旅
Skeena River
史基納河
Solomon Islands
所羅門群島
Somalia
索馬利亞
Songlines
歌徑
  of Australian Aborigines
  澳洲原住民的歌徑
Southern Cross
南十字星
space program, U.S.
美國的太空計畫
Spencer, Herbert
斯賓賽
spirituality vs. science/rationality
靈性與科學／理性
Stanner, W. E. H.
史坦納
Star Snow Festival
星空雪地嘉年華
  See Qoyllur Rit'i Festival/pilgrimage
  見星雪祭／朝聖之旅
Stikine River
史提開河
Sumatra
蘇門答臘
Sun Dance
太陽舞

sweet potato
甘藷
Tahiti
大溪地
Tahltan (people) 塔爾坦（族）
and protection of Sacred Headwaters
塔爾坦（族）與神聖水源地的保護
Tairona (ancient civilization)
泰榮納（古老文明）
Tamashek (people)
塔馬奇克（族）
Tanimukas (people)
塔尼木卡斯族
Tanzania
坦尚尼亞
Taoudenni (Mali)
陶德尼（馬利）
salt mine of
陶德尼（馬利）的鹽礦
tapu (taboo)
聖誡（禁忌）
Tasmania
塔斯馬尼亞島
Tatuyos (people)
塔度悠斯（族）
Taussig, Michael
陶席格
Te Henua, Te Enata (Marquesas Islands)
特黑烏那、特埃那塔（馬克薩斯群島）
See also Marquesas Islands
另見馬克薩斯島嶼
Ten Commandments
十誡
Tendai monks
天台宗僧侶
Tenochtitlán (Aztec capital)
特諾奇提特蘭（阿茲提克首都）
Thompson, Nainoa (navigator)
奈諾亞・湯普森（導航員）
cultural importance of
奈諾亞・湯普森（導航員）
的文化重要性
as Ka'iulani's mentor
奈諾亞・湯普森（導航員）
身為卡伊烏拉尼的心靈導師
as Mau Piailug's protege
奈諾亞・湯普森（導航員）
身為馬塢的門徒
nd voyage from Hawaii to Rapa Nui
奈諾亞・湯普森（導航員）
與從夏威夷到拉帕努伊的航程
Tibet
圖博
Buddhist culture of
圖博的佛教文化
Chinese invasion/occupation of
中國入侵／佔領圖博
glacial climate change in
圖博冰河氣候的變遷
and sacred headwaters of Mount Kailash
圖博與岡仁波齊峰的神聖水源地
Timbuktu (Mali)
廷巴克圖（馬利）
time, as non-existent
時間不存在
for Australian Aborigines
對澳洲原住民來說時間不存在
for Barasana
對巴拉薩那人來說時間不存在
Todagin Mountain
駝大金山
Tonga
東加
Tremblay, Alfred
崔布雷
Trobriand Islands
特羅布里安群島
author's voyage through
作者橫越特羅布里安群島的航程

and Kula ring
特羅布里安群島的庫拉圈
Malinowski's work in
馬凌諾斯基在特羅布里安群島的研究成果
social structure of
特羅布里安群島的社會結構
Trollope, Anthony
特洛勒普
Tsetsam Ani
息桑阿尼
Tuareg (people)
圖阿雷格（族）
Tucano (people)
圖卡諾（族）
Túpac Amaru, José Gabriel
阿馬魯（荷西 · 蓋柏）
Tupaia (navigator)
圖帕伊亞（導航員）
Ucayali, Río
里奧烏卡亞利河
Uganda
烏干達
Urubamba River
烏魯邦巴河
Vanuatu
萬那杜
Vaupés (Colombia)
沃佩斯（哥倫比亞）
Catholic mission in
在沃佩斯（哥倫比亞）的天主教會
Mitú
沃佩斯（哥倫比亞）的米圖
rivers of
沃佩斯（哥倫比亞）的河流
See also Barasana (people);
Peoples of the Anaconda
另見巴拉薩那（族）；巨蟒之族
Vaupés, Río
沃佩斯河
Venezuela
委內瑞拉
Vespucci, Amerigo
亞美利哥 · 韋斯普奇
Vilcabamba (Inca city)
比爾卡班巴（印加城市）
Villafaña, Danilo
達尼洛
Vodoun (religion)
巫毒（宗教）
acolytes of
巫毒教侍僧
Von Hildebrand, Martin
希迪布蘭
Waorani (people)
瓦拉尼（族）
Warao (people)
瓦勞（族）
Warlpiri (people)
皮瑞（族）
wayfinders (Polynesian navigators)
尋路人（玻里尼西亞導航員）
and ability to "pull islands out of the sea,"
尋路人（玻里尼西亞導航員）與
「將島嶼從海上召喚出來」的能力
and danger of getting lost
尋路人（玻里尼西亞導航員）
海上迷航的危險
dead reckoning by
尋路人（玻里尼西亞導航員）的航位推算法
measurements/bearings taken by
尋路人（玻里尼西亞導航員）
作的測量 / 方位判斷
and ocean
尋路人（玻里尼西亞導航員）與海洋
signs used by
尋路人（玻里尼西亞導航員）
使用的記號

sleepless task of
尋路人（玻里尼西亞導航員）
不眠不休的任務
stars as guides for
星辰是尋路人（玻里尼西亞導航員）
的指引
training of
尋路人（玻里尼西亞導航員）的訓練
wayfinders (Polynesian navigators), specific
尋路人（玻里尼西亞導航員）,特定人物
See Piailug, Mau; Thompson, Nainoa; Tupaia
見馬塢 · 皮艾魯格；奈諾亞 · 湯普森；
圖帕伊亞
waylakas (Andean boundary runners)
維拉卡（安地斯邊境跑者）
Wells, Spencer
威爾斯
West, Rev. John
魏斯特牧師
West Hawk Development Corp.
西鷹開發公司
Western culture
西方文化
See culture, Western
見文化，西方
Wet'suwet'en (people)
威特蘇威登（族）
Whiffen, Thomas
韋芬
Wiwa (people)
韋瓦（族）
yagé (ayahuasca)
亞赫（死藤水）
Yates, Rev. William
葉慈牧師
curandero
巫醫
Yunnan (China)
雲南（中國）

Common 11

生命的尋路人（附彩頁經典重出）

古老智慧對現代生命困境的回應

The Wayfinders: Why Ancient Wisdom Matters in the Modern World

作　　者　韋德・戴維斯（Wade Davis）
譯　　者　高偉豪
初版內頁排版　菩薩蠻數位文化有限公司
初版地圖繪製　JOJO KAO・陳家瑋
初版責任編輯　陳又津
初版編輯協力　王家軒
初版文字校對　魏秋綢
初版副主編　宋宜真
裝幀設計　井十二設計研究室
二版內頁編排　吳郁嫻
二版責任編輯　賴書亞
行銷企劃　洪靖宜
總 編 輯　賴淑玲

生命的尋路人（附彩頁經典重出）：古老智慧對現代生命困境的回應 / 韋德．戴維斯 (Wade Davis) 作 ; 高偉豪譯. -- 二版. -- 新北市 : 大家出版, 遠足文化事業股份有限公司, 2025.03
面 ；　公分
譯自 : The wayfinders : why ancient wisdom matters in the modern world.
ISBN 978-626-7561-26-3(平裝)

1.CST: 多元文化 2.CST: 民族同化 3.CST: 少數民族語言 4.CST: 原住民族

541.2　　114001694

出　　版　大家出版／遠足文化事業股份有限公司
發　　行　遠足文化事業股份有限公司（讀書共和國出版集團）
231新北市新店區民權路108-2號9樓
客服專線　0800-221-029
傳　　真　02-2218-8057
劃撥帳號　19504465　戶名・遠足文化事業股份有限公司
法律顧問　華洋國際專利商標事務所　蘇文生律師

I S B N　978-626-7561-26-3
定　　價　400元
初版一刷　2012年10月
二版一刷　2025年3月